평생에 한 번은 마키아벨리를 만나라

평생에
한 번은
마키아벨리를
만나라

이상민 지음

문예춘추사

작가의 말

나는 오늘
마키아벨리를
만나러 갑니다!

우리에게 너무나 친숙한 이름인 마키아벨리. 그의 책을 읽어 보지 않은 사람도 그의 이름이나 저서에 대해서는 누구나 한 번쯤 들어 보았을 것이다. 500여 년 전에 이탈리아에서 활동했던 마키아벨리는 지금까지도 정치와 사회는 물론 우리 개인의 삶 깊숙이까지 들어와 큰 영향을 끼치고 있다. 그의 사고방식과 철학은 큰 지지를 받았지만 동시에 많은 논란을 낳기도 했다. 그러나 피렌체에 있는 그의 기념비에 적힌 "어떤 묘비명도 이 위대한 이름에 어울리지 않는다"는 문장에서 볼 수 있듯 그는 역사 속에서 빼놓을 수 없는 인물이다.

1469년 이탈리아 피렌체에서 태어난 마키아벨리는 변호사이며 '고대 그리스-로마 인문학'을 공부한 그의 아버지의 영향으로 일곱 살 때부터 라틴어 공부를 하였으며 피렌체대학에 진학해 인문학을 공부했다. 집안의 배경과 탄탄한 인문학 실력, 당시 최고집권자 사보나롤라가 실각하면서 고위 공직자가 대대적으로 물갈이 되는 행운이 복합적으로 결합하면서 마키아벨리는 28살의 나이에 피렌체의 제2 서기장에 임명되었다. 그 후 약 14년 동안 피렌체의 고위 공직자로 활동하며 다양한 일을 했고, 그중 10년은 외교 대사로 지내면서 각국의 지도자들을 만나 정치와 인간 본질에 대한 지식과 이해를 넓혀 나갔다.

그러나 1512년에 피렌체가 스페인군에 점령당하면서 그는 관직에서 해임되었으며 재산의 대부분을 몰수당한 채 작은 농장에서 목숨을 연명하는 처지가 되었다.

그가 살았던 15~16세기 이탈리아는 분열과 혼란을 겪고 있었다. 끊임없는 내전이 있었고 정치체제도 혼란을 거듭하였으며, 1494년 프랑스의 침공을 받은 후로는 '강력한 통일국가 이탈리아'를 염원하는 사람들의 열기가 뜨거워졌다.

마키아벨리의《군주론》,《로마사 평론》과 같은 저서들은 이런 분열과 혼란의 시대의 산물이었다. 그는 자신의 책에 '강력한 이탈리아'의 모습을 꿈꾸는 동시에 다시 고위직으로 복직되기를 희망하는 개인의 바람을 담았다.

그가 실각한 이후 극단적인 상황에 몰리면서 경험한 것은 날카로운 현실이었다. 그는 그런 현실을 마주 대하면서 결국 어려움을 극복하고 살아남아야 다시 영광을 만날 수 있음을 깨달았다. 그랬기에 그는 '현실을 있는 그대로 받아들이면서 승리할 수 있는 길'에 대해 이야기할 수 있었던 것이다.

그의 저서는 얼핏 보면 인간의 잔인성이나 냉혹함으로 가득 차 있는 듯하다. 그러나 그가 처한 시대적 상황을 이해하고 그의 개인적인 상황들을 돌아보면, 그가 주장한 악덕惡德은 "더 큰 도덕을 이루기 위한 불가피한 선택", "부조리한 운명 속에서 살아가는 인간의 운명"으로 받아들여지며, 지금까지도 시공을 초월해 변하지 않는 인간의 본질을 통찰하고 있음을 알 수 있다.

마키아벨리가 우리에게 전하는 메시지는 하나다. "승리하라!" 그렇다면 우리는 성공을 위해서 수단과 방법을 가리지 말아야 할까? 물론 마키아벨리는 삶의 모든 것을 잃을 수도 있는 절박한 경우에는 비윤리적인 선택을 하는 것도 불사해야 한다고 말한다. 어떻게 보면 매우 비도덕적이고 야멸찬 사람처럼 보일 수 있지만, 그는 불가피할 경우에만 잔혹한 방법을 선택해도 된다고 한 것이지 언제나 수단과 방법을 가리지 말라고 한 것은 아니다. 오히려 그는 원칙을 준수하는 것이 얼마나 중요한지, 부드러움으로 사람을 대하는 것이 얼마나 효과적인지를 말한 사람이었다.

세상에는 선善도 있지만 악惡도 존재한다. 그러므로 우리가 살고 있는 현실 속에서 어려움을 만나더라도 주저앉지 않고 살아갈 수 있는 방법을 말했던 마키아벨리는 '오늘을 살아갈 수 없으면 내일은 없다'는 것을 알았다.

그가 말한 것처럼 세상은 정의로워야 하지만 현실은 그렇지 않다. 세상은 점점 더 복잡해지고 우리의 삶은 힘들게만 느껴진다. 하지만 우리는 언제나 현실에 두 발을 딛고 서서 그 안에서 살아남아야 한다. 현실과 사람, 그리고 세상 모두를 아는 사람이 실수를 줄이고 실패를 면할 수 있으며 이상理想을 향해 나아갈 수 있는 것이다.

그런 의미에서 마키아벨리의 책은 20대에게는 인간과 사회에 대한 깊은 이해를 통해 '앞으로 어떻게 살아가야 하는가?'에 대한 소중한 교훈을 줄 것이며, 30대에게는 실패의 함정을 피해 갈 수 있는 인생의 교과서가 되어 주고, 40대에게는 인생의 진검승부를 펼칠 때 도와줄 수 있는 친구가 되어 줄 것이다.

마키아벨리의 사상과 논리를 온전히 만나는 것은 쉽지 않은 경험이지만 그 과정을 통과함으로 인해 인간과 세상을 진실되게 이해하고 '인생의 진정한 승자'가 될 수 있을 것이다. 모든 독자가 그 길에 설 수 있기를 진심으로 기도하고 응원한다.

이상민

Niccolò Machiavelli
CONTENTS

작가의 말 나는 오늘 마키아벨리를 만나러 갑니다!   4
01 삶은 끊임없이 변화한다   10
02 시대의 흐름이 성공을 가늠한다   18
03 관계는 주고받을 때에 아름다워진다   24
04 인생의 나침반을 찾아라   30
05 인생에서 결과는 절대적이다   36
06 역사에 모든 것이 담겨 있다   42
07 성공은 자기가 보고 싶은 것만 보지 않을 때 이루어진다   48
08 평소에 조금씩 꾸준히 끈질기게   56
09 성을 쌓는 자는 망한다   62
10 단점은 장점의 다른 이름이다   68
11 인간에게 가장 큰 상처를 입히는 방법   72
12 바닥에 있으면 무서울 것이 없다   76
13 세계 최고는 선택과 집중에 의해 탄생한다   82
14 동전의 양면처럼   88
15 우리 삶과 함께 걷는 세계   96
16 인생은 운동장에서 펼쳐지지 않는다   102
17 지나온 시간이 답이다   108
18 숨겨진 가치를 찾는 일   114
19 누구의 후회가 값진가   118
20 실패에 대한 용인이 훌륭한 장군을 만든다   124
21 '조금만 더'의 비밀   130
22 진짜로 채우고 싶다면   138
23 분위기를 무시하면 큰코다친다   142
24 로또를 살 것인가 로또를 만들 것인가   148
25 동기가 결과를 알려주지는 않는다   154
26 누구나 위대한 판단을 내릴 수 있는 시간이 있다   158
27 오늘에 집중하라   164
28 삶에 펼쳐진 배수의 진   170
29 전략으로 상대방을 압도하라   176

30	명문가는 어떻게 만들어지는가	182
31	승부의 원칙을 깨달으라	186
32	잔인함으로 성공한 한니발 장군	190
33	무엇을 제거할 것인가	196
34	성인聖人은 아니지만	200
35	절박함이 강한 힘을 불러온다	204
36	부드러움이 가장 강하다	210
37	우리가 잃지 말아야 할 것과 찾아야 할 것	214
38	모두에게 평등한 세상	218
39	운명까지 거는 짓은 어리석다	222
40	사람은 재산과 명예, 사랑하는 사람만 있으면 그럭저럭 살아간다	226
41	동반성장의 지름길	230
42	공격이 최선의 방어인가	234
43	친구와 적을 확실하게 구별해야 한다	238
44	강력한 힘을 발휘하는 세 가지 키워드	242
45	무엇에 집중하고 무엇을 포기할 것인가	248
46	망각과 각인	254
47	경제적 손익을 잘 따지는 자가 살아남는다	258
48	인생이 쓰는 서사시를 보기 원한다면	262
49	0.01초의 차이는 어디에서 오는가	268
50	질투심은 선량한 인품이나 시간만으로는 극복되지 않는다	274
51	운명을 바꾸는 말의 힘	278
52	관계를 유지시키는 본질은 무엇인가	284
53	완전히 장담할 수 있는 것은 없다	288
54	우리는 누구를 보고 누구를 좇아야 하는가	292
55	장밋빛 인생을 만드는 방법	296
56	필요할 때는 어떤 일이라도 할 수 있어야 한다	300
57	표피만 보고 망동妄動하지 말고 깊은 뿌리까지 보고 움직여야 한다	304

니콜로 마키아벨리Niccolò Machiavelli 연표　　　　　　　　　　　308

Niccolò
Machiavelli

01
삶은 끊임없이 변화한다

신들은 인간에게 커다란 기회를 준다. 그런데 인간은 그 기회를 사용해서 비참한 나락에 떨어지기도 하고, 부귀영화의 절정을 누리기도 한다. 어찌 되었든 그것은 모두 신의 뜻에서 비롯되었으므로 인간을 칭찬할 것도 없고 폄하해서도 안 된다.

대체로 하늘은 천재적 자질을 가지고 태어난 사람들 가운데에서 큰일을 맡길 만한 사람을 고른다. 천재의 재능은 놀랍고, 하늘이 부여하는 기회를 쉽게 손에 넣는 힘이 있다. 반대로 하늘이 무엇인가를 멸망시킬 때에도 주인공을 선택한다. 그러나 하늘의 뜻을 거스를 만한 인물이 나타나면 온갖 시련을 내려 아예 죽여 버리거나 재능을 빼앗아 간다. _로마사 평론

신이라고 해서 인간의 모든 능력을 대신하지는 않는다. 그건 신이 우리의 자유 의지를 존중하고, 인간이 소소한 영광을 누릴 수 있도록 배려하

기 때문이다. 그러므로 운명은 인간의 힘으로 어느 정도 바꿀 수 있다. 운명과 사람의 생활 태도가 일치하면 크게 성공하고, 그렇지 않으면 실패하는 것이다. 우리는 운명을 두려워하거나 그것 앞에서 용의주도하게 행동하기보다는 오히려 용기 있고 과단성 있게 행동해야 한다. 운명이 지닌 습성은 남신이 아니라 여신에 가깝기 때문에, 언제나 거칠고 대담한 젊은이에게 마음을 빼앗기기 때문이다.

옛부터 오늘날까지 많은 사람들은 '운명은 절대 바꿀 수 없으니 노력 따위는 그만 두고 운에 다 맡겨 버리는 게 최선이다.'라고 생각한다. 그러나 운명이 인간 삶의 절반을 지배한다 해도 나머지 절반은 여전히 우리의 손에 달려 있다는 것을 명심하라. 그렇기 때문에 인간은 우리가 가지고 있는 자유로움에 대한 열망을 잃어버려서는 안 된다. _군주론

살면서 언제 어떤 행운이 어디에서 날아들지 모르니, 언제나 희망을 가져라. 어떤 운명에 처하더라도, 어떤 괴로움에 몸부림치더라도 절대 운명 앞에서 소극적인 자세로 임하지 말라. _정략론

삶을 살아가다 보면 모든 것을 포기하고 싶을 때가 있다. 되는 일이 하나도 없다고 생각되고, 노력을 많이 했는데도 성과가 하나도 없을 때에는 매우 낙담하여 어떤 힘도 내기 힘들어지는 것이다. 그럴 때에는 세상을 둘러 봐도 개인의 노력보다는 그저 운이 좋아서 성공한 사람들이 넘쳐 나는 것처럼 보이기도 한다. 우리나라 정치와 경제의 큰 축을 담당하고 있는 사람들만 하더라도 선대의 덕을 보거나 시대를 잘 타고 났을 뿐이라는 생각이 들기도 한다.

분명 인간은 저마다의 꿈이 있으며 그것을 이루기 위한 노력을 멈추지 않는다. 하지만 모든 사람들이 그 노력에 합당한 빛을 보는 것이 아니기 때문에 저런 부정적인 생각이 들 때에는 결국 꿈의 성취 여부는 운명의 범주 안에 들어 있어서 우리가 그것을 바꾸기는 힘들다는 생각이 머릿속을 떠나지 않는다.

이 세상에는 과학이나 논리로 설명할 수 없는 일이 많다. 그것들은 그저 운명이라는 단어로 설명할 수밖에 없는 것이다. 우리들의 태어남과 죽음도 결국에는 운명이라고밖에 할 수 없고 한 인간이 타고난 능력이라는 것도 사실상 운명에 의한 것이다. 부유한 부모를 만나서 고생을 모르고 유년 시절을 보내는 것, 혹은 가난한 집에서 태어나 어려서부터 가진 것 없이 세상을 마주 대해야 하는 것, 혹은 사람마다 음악이나 미술, 운동, 공부 등에 각자의 재능을 보이는 것, 미국·한국·북한·소말리아 등 어느 나라에서 태어나는 지도 결국에는 모두 운명에 의해 결정된다. 운명이라는 두 글자에 따라서 어느 아이는 꿈과 희망을 노래하며 성장하지만 어느 아이는 전쟁터에서 소년병으로 죽음을 맞이해야 할 수밖에 없다.

사업을 한다는 것도 그렇다. 노력한 만큼 이룬다고는 하지만 그것이 어찌 개인적인 노력에 국한될 수 있겠는가. 시대적인 흐름을 따르지 못하고 대중의 요구를 충족하지 못한다면 개인의 노력은 결코 빛을 볼 수 없다. 결국 노력보다는 어떤 보이지 않는 힘, 그러니까 운명이라는 큰 힘이 작용하는 것이 바로 우리의 삶이다.

운명의 힘이 그렇게 강력하다면 삶 속에서 인간이 할 수 있는 일이 전혀 없는 것처럼 느껴져 무력감이 더해지기도 하겠지만 그럼에도 불구하고 우리는 노력하지 않고 희망을 품지 않으며 도전하지 않는 삶을 살 수는 없다. 이미 정해져서 꿈쩍도 하지 않을 것 같은 운명도 인간의 노력에 의해 변할 수 있기 때문이다.

인간의 삶에는 분명 잔인한 면이 있다. 노력했지만 결실을 보지 못할 때도 많고, 운명이라는 이름으로 타고 난 대로 삶이 결정되는 경우도 있으며, 내 의지와 상관없이 예측하지 못한 방향으로 인생이 펼쳐지기도 하기 때문이다. 게다가 성공이라는 것은 결코 쉬운 일이 아니다. 그것은 마치 야구선수가 홈런을 치는 것과도 같아서 다가오는 공에 온 신경을 쏟아 붓고 방망이를 히팅 포인트에 정확히 맞추어야 한다. 야구선수가 온 힘을 다해 경기에 집중하듯이 우리도 할 수 있는 만큼 최선을 다해야 당신이 바라는 것을 이룰 수 있다. 그렇지만 집중과 노력만으로 꿈을 이룰 수 있는가? 선수가 아무리 최선을 다한다고 해도 주위 환경이 받쳐 주지 않으면 가능하지 않다. 공이 나에게 맞게 날아와야 하고, 경기장의 분위기도 내 편이 되어 주어야 하며, 상대 팀 선수들이 컨디션 난조를 보이는 등 여러 가지 행운이 따라 주어야 우승이 점점 더 가까워진다.

성공은 힘든 것이다. 그래서 많은 사람들이 좌절하며 중도에 포기한다. 죽도록 노력했지만 결국 실패를 맛보기 때문이다. 하지만 인생이란 우리의 노력에 의해서 끊임없이 변할 수 있다. 인생이란 운명으로 정해져 있지도 않고, 타고난 운이 좋아서 아무 노력도 하지 않는데 성공할 수 있는 것은 아니다. 결국, 타고난 운명도 내 노력으로 인해서 얼마든지 바뀔 수 있다. 그러니 무엇을 하든지 계속 노력하라. 노력하는 사람에게는 또 다른 운명의 신이 손을 내민다.

생각해 보라. 과거 70년대 건축 붐이 한창일 때에는 건축학과에 가는 것이 출세하는 지름길이었다. 그때에는 교사나 공무원 같은 직업은 안정적이긴 하지만 대박의 가능성은 없다고 여겨서 관련학과의 지원율은 건축학과의 경쟁률과는 비교할 수도 없었다. 과거에는 대학을 졸업하면 대기업에 취직하는 것이 정석이었고 그것이 삶의 탄탄대로를 걷는 사람들이 누릴 수 있는 특권이었다. 마찬가지로 같은 의과대학이라고 하더라도 학생들이 선호하는 과가 달랐다. 예전에는 사회적 편견으로 인해 대부분의 학생이 정신과로 가기를 꺼렸다.

하지만 지금은 어떤가? 수많은 건축회사가 부도가 나고, 인기 없던 정신과 의사들은 TV에 얼굴을 비추고 잡지에 글을 기고해서 이름을 날리며, 대기업에 들어갔어도 명예퇴직을 걱정하며 넥타이를 졸라매는 중년들에 관한 기사가 쏟아지고, 많은 대학생들이 공무원 시험을 보기 위해 노량진으로 몰려든다. 이십 년 전에는 상상도 하지 못했던 일이다.

청춘스타에서 대표 중년배우로 자리매김한 배우 박상원이 언젠가 TV에 나와서 한 말이 기억에 남는다. "과거에 배우는 가정을 꾸릴 수 있는 사람들이 아니었다. 사회적인 명예는커녕 지위도 낮았고, 경제적 능력도 너무 떨어졌다. 하지만 시간이 지나고 나니 배우에 대한 인식도 달라졌고 이제는 연기만으로도 충분히 가족들을 먹여 살릴 수 있게 됐다. 처음 배우를 시작할 때에는 돈을 모으는 것은 고사하고 평생 연기를 계속할 수만 있다면 좋겠다고 생각했는데 지금은 가정도 꾸리고 사회적 지위도 얻었다. 젊었을 때 그렇게 생각했던 것은 내가 비관적인 사람이었기 때문이 아니라 그때의 상황에서는 그게 최선의 선택이고 현실을 제대로 마주하는 것이었기 때문이다."

사회적 환경은 끊임없이 변한다. 인기 있던 직업과 직종, 관련 학과의 인기가 수그러들거나 사라지는 대신 다른 것들이 그 자리를 대신하는 것, 그것이 바로 변화이다. 그런데 사람들은 그 변화를 두려워한다. 불확실한 변화에 맞서느니 안정적인 현실에 안주하는 것을 택하는 것이다. 그러다 보니 많은 사람들이 쉽게 좌절하고 포기하며, 보잘것없는 것에 힘을 쏟다가 쓰러지고, 너 나 할 것 없이 공무원 시장으로 몰리고 있다. 우리는 규격화된 복제품이 아니다. 누구나 자신이 가지고 있는 매력이 있고, 그것을 발휘할 때에만 자기만의 캐릭터를 분명히 구축하고 자신의 영역을 형성하는 것이다. 우리 모두가 가지고 있는 그 매력은 우리를 규격화시키는 기준인 졸업장이나 명함이 아니라 자신의 내면에 숨어 있다. 그것을 발견했을 때에 당신이 걸어야 할 길이 확고해진다. 우리 사회는, 그리고 우리 삶은 언제 어떻게 바뀔지 모른다. 아무도 알 수 없다. 그러니 지금은 무엇보다도 자신이 좋아하는 일을 하고, 자신의 선택에 믿음과 끈기를 가지고 최선을 다해 임하는 자세가 필요하다.

운명은 잔혹하다. 그렇기에 잔혹한 운명의 바다에 휘둘리지 않으려면 그것을 헤치고 나갈 자신만의 강력한 추진 모터가 있어야 한다. 그것이 바로 자신의 의지이다. 인생은 운명에 의해 결정되지만, 그 운명을 바꾸는 것은 당신의 삶을 주체적으로 바꾸기 위해 노력하는 당신의 의지에 달려 있다. 자신의 매력이 무엇인지 알고, 그것에 확신을 가지고 평생을 걷는 자는 그 어떤 파도도 이겨 낼 수 있다고 나는 단언한다.

지금 인정을 받지 못하더라도 내가 좋아하는 일, 내가 하고 있는 일을 열심히 하면 된다. 세상은 계속 돌고 도니 언젠가 나의 때도 올 것이다.

성공하고 싶다면 먼저 기본 원칙을 지켜라.
그것은 현재 하는 일에 최선을 다하면서 기회를 노리는 것이다.
_토마스 A. 슈웨이크

Niccolò
Machiavelli

02
시대의 흐름이 성공을 가늠한다

성공은 사람이 가는 길이 그 시대와 맞느냐 그렇지 않느냐에 달려 있다. 두 사람이 똑같이 행동하더라도 한 사람은 성공하고 다른 사람은 실패할 수 있으며, 두 사람이 서로 반대로 행동하더라도 둘 다 성공할 수도 있다.

나라가 번영하거나 망하는 것도 이것과 마찬가지다. 신중하고 끈기 있게 나라를 다스리는 군주에게 적합한 시대가 오면 그 나라는 융성할 것이다. 그러나 상황이 변했는데도 지배 방식을 바꾸지 않는 군주는 위험하다. _군주론

시대에 따라 방법을 바꾸지 못하는 데에는 두 가지 이유가 있다. 우선, 타고난 성격은 거스르기 어렵다. 또한 이미 성공한 사람에게 다른 방식대로 해도 성공하리라고 믿게 하는 것도 매우 어렵다. 시대는 계속 변하는데 인간은 태도를 바꿀 줄 모른다. 여기에서 인간의 운명이 갈리는 것이다.

…… 인간의 행운과 불운은 시대 상황에 얼마나 잘 맞추어 행동하는지에

따라 달라진다. 어떤 사람은 마음 내키는 대로 행동하지만, 다른 사람은 신중에 신중을 기한다. 그러나 양쪽 모두 한계를 넘으면 적절한 정도를 지키지 못하고 무너지고 만다. 잘못을 저지르는 것 같지도 않고 늘 행운이 넘치는 것처럼 보이는 사람들은 시대의 변화에 민감하게 반응하고 언제나 자연의 법칙에 따라 일을 밀고 나가는 사람들이다. _정략론

1502년에 선출되어 피렌체를 다스리던 통치자 피에로 소데리니의 예를 들어 보자. 그는 모든 일에 인정을 발휘하며 인내를 가지고 처리했다. 그의 천성과 일치하는 시대에서는 승승장구했지만, 인정과 인내를 버려야 할 시대가 오자 어찌할 바를 모르고 조국과 함께 멸망했다.

교황 지우리오 2세는 거의 반미치광이처럼 성격이 급했지만 그것이 시대와 잘 들어맞을 때에는 일도 잘 풀렸다. 그러나 시대가 바뀌어 다른 방식이 요구되었으나 그는 자기 방식을 바꾸지 못하고 도시의 파멸을 불렀다.

_로마사 평론

우리는 먼저 인간이라는 존재가 얼마나 미약한지를 인정할 필요가 있다. 인간이 위대하다고 하지만 그 말에는 반대의 의미도 내포하고 있다. 나는 우주를 보면 인간이 얼마나 미약한 존재인지 느끼게 된다.

콜럼버스는 대항해 시대에 배 한 척을 타고 망망대해를 건넜다. 그것은 엄청난 모험이었다. 지금 21세기가 그렇다. 우리는 지금 바다도 아닌 우주 항해 시대에 서 있는 것이다. 그런데 우리는 우주를 여행하기는커녕 우주에 어떤 생명체가 사는지도 알아내지 못했고 사람이 살 수 있는지 없는지조차 알 수 없다. 우주를 정복할 만큼 과학이 발달하지도 않은 것은 물론이고, 우리는 우리 몸의 병도 제대로 치료하지 못한다. 게다가 자신의 인생마저도 완전히 책임지지 못할까 봐 늘 전전긍긍하며 살아간다. 위대함이라는 단어로 우리를 표현하기에 인간은 너무 미약하고 부족하다.

인간은 자신의 노력만으로는 무언가를 얻을 수 없다. 반드시 우리가 노력하는 대상의 반응이 있어야만 결과를 얻을 수 있는데 그것은 내 의지로만 가능한 일이 아니기 때문이다. 한 개인이 세상을 바꿀 수 있다는 것은 그런 의미에서 완전한 거짓말이다. 이미 그런 요구가 대중들의 마음에 있어야 하며, 그랬기에 대중들이 그의 마음을 받아들이고 그 결과 그가 영웅이 되는 것이다. 즉, 성공한 사람이라는 평가를 받는 그 영웅은 A가 될 수도 있었고, 혹은 B나 C에게도 가능성이 있었던 것이다.

지금 우리 앞에 있는 많은 영웅들은 그들이 높은 직위를 가졌다거나 돈이 많다거나 학벌이 좋아서라기보다는 그가 그 시대의 물살을 잘 탔기 때문이다. 중요한 것은 대중의 마음에 있다. 그들이 원하는 것이 그 시대가 원하는 트렌드이자 우리가 쫓아야 하는 것이다. 대중들의 요구를 들어주는 사람, 그가 바로 영웅이 된다. 최고의 스펙 같은 것은 전부 필요 없다. 비루한 처지에서 일약 영웅으로 떠오른 사람들이 얼마나 많은가. 그들은 대부분 대중들의 요구에 부합하는 행동을 했다는 공통점을 지니고 있을 뿐이다.

그렇다면 그들은 영웅이 되기 위해 대중들이 원하는 점이 무엇인지 계산하고 행동한 것일까? 그렇지 않다. 그들은 그저 재미있어서, 하고 싶어서, 혹은 아무 생각 없이 그냥 한 일들이 폭발적인 반응을 가지고 왔다.

세계 1위의 부자 빌 게이츠를 보라. 그가 돈을 벌기 위해 컴퓨터 프로그램 개발을 시작한 것일까? 그렇지 않다. 아무리 똑똑한 사람이라도 자신이 부자가 될 것을 목표로 삼고 사업을 시작하지는 않는다. 그는 목표를 세웠다기보다는 그저 자신이 좋아하는 일을 했을 뿐이다. 그의 노력과 시대의 요구가 부합해서 그에게 '성공'이라는 두 글자를 새겨 주었다. 결국 모든 거대한 성공은 그들의 예상을 훨씬 뛰어넘는 것이고, 그것은 그들도 예상하지 못했던 결과를 가지고 온다.

시대의 흐름을 절묘하게 잘 맞추는 사람이 성공한다. 대중이 무엇을 원하는지 정확히 파악하고 그들의 요구에 나의 흥미가 적절히 부합할 때 성공이 따라온다. 하지만 이것을 철저히 계산하고 의도적으로 틀을 짜 맞추는 것은 거의 불가능에 가깝다고 보면 된다.

인간은 자신이 성공한 것에 대해서는 자만하고 실패한 것은 두려워한다. 그래서 한 번 성공한 방법을 답습하려 하고 실패한 방법은 두려운 마음으로 피하려 하기 일쑤다. 그러나 인생에서 실패를 몇 번 경험하였다고 하더라도 그 방법이 완전히 틀렸다고 할 수 없다. 인생에는 여러 방법을 통해 검증해 보거나 시간을 두고 지켜보아야 옳고 그른지를 알 수 있는 일들이 많기 때문이다.

아무리 많은 사람들의 조언을 듣고, 아무리 훌륭한 책을 읽어도 '아, 그렇구나!'라고 생각할 뿐, 그것은 그리 오래 가지 않는다. 왜냐하면 모든 인간은 결국에는 자신의 머리로 모든 생각을 하고 결정을 내리기 때문이다. 그때는 결국 변하지 않는 자신의 본성을 피할 수 없게 된다. 그렇다면 우리는 어떻게 해야 그런 어려움을 이겨 낼 수 있을까?

마키아벨리는 변화하는 시대에서도 살아남으려면 새로운 방식을 찾아 적응하라고 조언했다. 마키아벨리의 말을 통해서 내릴 수 있는 결론은 이것이다. 자신의 본래 성향은 존중하되, 필요할 때에는 시류를 파악하며 자신의 성향과 행동을 변화시켜야 한다는 것. 물론 그것은 굉장히 어려운 일이다. 어쩌면 불가능에 가까운 일일지도 모른다. 내성적인 사람이 노력에 의해 외향적인 사람이 되기는 어렵다. 사람들 앞에 서는 것에 소극적이던 사람이 어느 날 갑자기 개그맨이 될 수는 없고, 사람들과 어울려 웃고 떠드는 것을 좋아하는 사람이 혼자서 깊은 사색을 해야 하는 철학자가 될 수 없듯이 말이다.

하지만 어느 정도의 변화를 주는 것은 가능하다. 아무리 내성적인 사람이라도 자신이 하는 일에 홍보가 중요하다는 것을 인식한다면 길거리에 나가서 큰소리로 호객 행위를 할 수도 있고, 관심이 없던 분야라도 자신의 연구에 중요하다면 다른 사람에게 물어서라도 배워서 보충할 수 있는 것이다.

성공은 시대의 흐름을 잘 타야 하는 것이 맞지만 그것이 절대적인 요소는 아니듯 의도한다고 가능한 일도 아니다. 노력으로 조금씩 변화를 줄 수는 있지만 어쨌든 타고난 성향을 바꾸기란 쉽지 않기 때문이다. 그렇더라도 어느 정도 시대의 흐름에 맞추기만 한다면 어느 누구든 기회를 잡을 수 있다. 결국 우리는 절충안이라는 답을 찾아야 하는 것이다.

03
관계는 주고받을 때에
아름다워진다

군주가 새로 나라를 얻었다면, 자기를 지지해 주는 사람들이 무슨 마음을 먹고 그렇게 했을까 하고 신중히 생각해야 한다. _군주론

세력이 약해지는 군주가 있다. 그래서 그는 지금 상황에서는 도저히 자신을 도와줄 수 있을 것 같지 않은 다른 군주와 우호 관계를 맺고자 한다. 어째서일까? 지금 당장은 그 군주가 아무런 도움을 주지 못하더라도 언젠가는 반드시 도움을 줄 수 있을 것이라고 생각하기 때문이다.

그리고 약한 군주는 이미 강한 군주와 우호 관계를 맺었으므로, 강한 군주의 적이 자신에게 우호 관계를 맺자고 제안하리라고는 상상도 못한다. 그러나 동맹이 찢어지는 원인은 대개 그때그때의 이해타산에 맞춰 동맹을 맺기 때문이다. …… 동맹을 맺거나 파기하는 데에는 어마어마한 위험을 감수할 만한 이익이 있어야 한다. 그것이 없다면 절대 사람의 마음을 움직일 수 없다. _정략론

로마에서 재난이 일어난 원인을 생각하면, 민중은 너무 강하게 자유를 동경했고 귀족의 지배욕도 그 못지않게 강했기 때문이다. 자유를 위해 양쪽이 서로 협력하고 법률을 제정하는 것은 도저히 기대할 수가 없었다.

…… 민중과 원로원은 십인회를 다시 세우기 위해 의논을 거듭하여 마침내 의견의 일치를 보았다. 그러나 서로의 속셈은 아주 달랐다. 민중은 몇몇 가문이 독점하는 집정관의 지위를 무너뜨리고 싶어 했고, 귀족은 평민 출신의 호민관을 없애고 싶어 했다.

…… 자칫 국가의 파멸을 가져올 수도 있는 경우라도, 민중에게 진실로 이익이 되고 감격스러운 것이라면 그들을 쉽게 납득시킬 수 있다. 마찬가지로 아무리 나라와 민중에게 이익이 된다 하더라도 졸렬해 보이고 일차적으로 손해를 끼치리라 생각되면 민중을 설득시키기 어렵다. _로마사 평론

　우리는 학교를 다니면서, 그리고 사회생활을 하면서, 심지어 가정에서도 모두 사람과 관계를 맺고 살아간다. 그렇다면 사람과 사람의 관계를 이어주는 끈은 도대체 무엇일까? 나는 그것이 결국 두 가지로 요약된다고 생각한다. 첫째는 이해 여부에 바탕에 둔 관계이고 두 번째는 사람의 됨됨이에 바탕을 둔 관계이다. 그러니까 결국 자기 자신에게 경제적인 도움이 되는 사람이거나 혹은 인간적으로 믿음을 주고받으며 존경할 수 있는 사람일 때에 관계를 맺게 되는 것이다.

　사람이 사람과 관계를 맺을 때에는 자신에게 어떤 도움이 되기 때문에, 즉 내 손해와 피해를 감수할 만큼의 이익이 보장되기 때문에 가능한 것이다. 그렇지 않고서야 자신이 손해만 보는데 관계를 지속할 리 없고 또한 그런 관계는 오래 갈 수도 없다. 회사에서도 사장이 직원들에게 "나는 여러분들의 능력을 믿습니다. 나를 믿고 따라오세요. 회사가 성장하면 모든 보상이 여러분에게 돌아갈 것입니다."라는 말을 아무리 한다고 해도 그것이 직접적인 행동과 이어지지 않고, 결국 직원들에게 돌아가는 이익이 없다면 그 누구도 사장의 말을 진심으로 여기지 않을 것이며 그쯤 되면 그 관계에 신뢰는 사라졌다고 봐도 무방하다.

관계에 진정성을 갖기 원한다면 이利의 공존을 반드시 고려해야 한다. 냉정하게 들리겠지만 이것은 부모와 자식 관계에서도 같은 이치로 통한다. 자식이 나이가 들어서도 부모의 신세만 지고 있다면 그것은 자식이 아니라 짐이나 마찬가지이며 부끄러움의 대상이 되어 버린다. 부모는 분명 자식을 사랑으로 낳아서 기른 것이지만 세상의 원리에서 벗어날 수는 없다. 형제 관계에서도 누구 하나가 일방적으로 주기만 하는 관계는 결코 오래갈 수 없다. 주고받는 것이 지속되어야 우애도 지속할 수 있는 것이지 그렇지 않으면 아무리 피를 나눈 사이라도 결국에는 남남보다 못한 사이가 되어 버린다. 관계라는 것은 결국 한쪽에서 그것을 파기하면 유지할 수가 없다. 끝이라고 봐야 한다. 부모와 자식, 형제 관계에서도 이러하다면 친구나 직장 동료, 그리고 사회에서 맺게 되는 여러 관계는 더 말할 것도 없다.

우리가 맺고 있는 관계를 생각해 보라. 우리는 모두 만남의 목적이 다르다. 즉 동상이몽同床異夢으로 상대를 보고 각자 다른 꿈을 꾸고 있는 것이다. 회사는 직원이 월급보다 더 많은 돈을 벌어 주기를 기대하고, 직원은 회사가 나를 조금 더 키워 주기를 기대한다. 여자는 남자가 나를 든든하게 받쳐 주기를 원하고, 남자는 여자로 인해서 삶이 편안해지기를 바란다. 그렇기 때문에 모든 관계에는 기대와 실망이 존재한다.

결국 우리 인간관계는 이해 여부를 중심으로 맺어지기 때문에 누군가를 설득하고 내 편으로 만들고 싶다면 그에게 이익이 될 만한 정보를 주면 된다. 그것만 있으면 관계를 맺는 데에 문제가 없다. 사람은 자신에게 호의를 베푸는 사람을 좋아하기 마련이고, 어떤 안건을 채택할 때에는 그것이 자신에게 유리한지 여부를 따지기 마련이다. 대부분의 사람들이 이 원칙에서 벗어나지 못한다. 그러니 이 본성을 적절히 사용할 줄 아는 사람은 강한 설득력을 가진 사람이며 관계를 맺는 데에 있어 백전백승의 승부를 펼친다고 할 수 있다.

하지만 꼭 경제적인 이유가 아니더라도 우리는 그 사람의 됨됨이를 보고도 관계를 맺을 수 있다. 이것은 그 사람의 성품이나 성향이 내 마음에 평안함을 주기 때문에 친하게 지낸다는 이야기와도 같다. 결국 이것도 공짜는 아니라는 소리다.

따라서 사람과 관계를 맺기 위해서는 내가 먼저 그에게 어떤 것을 줄 수 있는지를 고민해야 한다. 그것에 따라 나도 상대방으로부터 받을 수 있는 것이 무엇인지 알 수 있으며, 내가 먼저 마음을 열거나 무언가를 건네지 않으면 그 관계를 절대로 열리지 않는다.

모든 관계는 이익과 됨됨이를 확신할 수 있을 때 맺어진다. 나의 지인 하나는 어느 모임에서든 인기가 있는 편인데 그 이유가 무엇인지 곰곰이 살펴보니 그에게는 관계에서 인기를 얻는 한 가지 비결이 있었다. 그는 누가 시키지 않아도 제일 먼저 나서서 설거지를 하는 것이었다. 누구나 하기 싫어하는 일을 나서서 하는 것, 바로 그런 행동으로 인해 사람들은 편안함이라는 이익을 얻었고, 그는 인기를 얻었다. 관계를 맺기 위해서는 그런 노력이 필요하다. 이것은 모든 관계와 관계 사이에 변하지 않는 진리이다.

받으려는 생각은 하지 말자. 그 마음 때문에 동상이몽이 나타나는 것이다. 저쪽에선 내가 무언가를 해 주어서 일이 잘 풀리게 되기를 바라고, 나는 저쪽이 잘 해 주어서 어떤 이익을 얻기를 바라지만 이때 생각을 조금 달리해서 내가 먼저 나누고 베풀며 상대방이 손해 보지 않게 해주겠다는 생각을 하면 그 사람도 나에게 달려와 내게 지지를 표해 줄 것이다. 관계가 아름다운 이유는 주고받는 것이 가능하다는 것 때문이며, 그것이 우리의 인생이다.

04
인생의 나침반을 찾아라

구약성서를 보라. 다윗은 사울 왕에게 블레셋의 유명한 용사인 골리앗과 싸우자고 건의했다. 사울이 다윗에게 자기 무기와 갑옷을 주어 격려하였으나, 다윗이 그것을 잠깐 걸쳐 보고는 자기에게 맞지 않아 충분히 쓰지 못할 것 같다며 사양했다. 그러고는 자신의 투석기와 단검을 들고 적진으로 뛰어들었다.

남의 무기는 자기 몸에 맞지 않아 걸리적거릴 뿐이다. 익숙하지 않은 불편함을 참고 싸울 것인가, 초라하더라도 자신의 무기를 들고 싸울 것인가?
_군주론

카르타고의 명장名將 한니발은 자신이 조국의 마지막 희망임을 알았다. 그래서 강국 로마와 사이가 틀어지자 카르타고의 마지막 땅에서 발버둥치는 대신, 로마와 화친을 맺으면 조국이 조금이라도 행운을 얻을 수 있으리라 생각했다. 그래서 한니발은 주저 없이 로마에 화친을 제의했으나, 무산되자 결국 패망을 각오하고 싸우기로 결심했다. 싸워서 이기거나 또는 장렬하게 싸우기는 하겠지만 결국 전사할 각오를 한 것이다.

한니발처럼 뛰어난 장수도 이런 궁지에서 패배하면 노예가 될 수밖에 없다고 생각했기 때문에 싸우기 전에 화친을 맺기 위해 노력했다. 그렇다면 그보다 훨씬 떨어지는 장수들은 어떻게 해야 할까? 누구나 자기 희망에 한계를 긋지 못해 일을 그르친다. 자기 능력을 확인하지 못하고 허망한 꿈에 모든 것을 걸면 결국 몰락하고 만다.

…… 한니발은 칸나에에서 로마군을 무찌르고 대리인을 본국에 보냈다. 한니발의 대리인이 카르타고의 원로원에 승전 소식을 전하면서 원군을 요청하자 원로들은 어떻게 할지 회의했다. 지혜로운 연장자 한논은, 이 승전을 바탕으로 하면 공정한 조건으로 로마와 화의를 맺을 수 있다며 꿈을 좇다가 현실에 패해서는 안 된다고 경고했다. 또한 카르타고는 로마인들에게 우리들도 훌륭하게 싸울 수 있다는 것을 알려준 것에 만족해야 하며, 더 큰 것을 탐내다가 이 승리까지 죄다 잃어서는 안 된다고 했다. 카르타고의 원로원은 이 의견을 받아들이지 않았지만, 나중에 이 기회마저 잃어버린 뒤에야 한논의 의견이 얼마나 현명했는지 깨달았다고 한다. _로마사 평론

　　자기 자신을 아는 것. 이것이야말로 인생에 있어서 가장 중요한 문제가 아닐 수 없다. 지피지기知彼知己면 백전백승百戰百勝이라는 말은 헛말이 아니다. 자기를 알아야 한다. 내가 누구인지를 알 때 어떻게 살아야 하는가에 대한 답이 명확히 나오고, 내가 할 수 있는 것과 할 수 없는 것도 분명히 나타나며, 무엇을 취해야 하고 무엇을 포기해야 할지도 분명히 알게 된다.

　　많은 사람들이 성공을 꿈꾸지만 실제로는 성공이 무엇인지 잘 알지 못한다. 그래서 어떻게 성공해야 하는지도 모른 채 방황하며 많은 시간을 헛되이 흘려보내고 헤맬 뿐이다. 수많은 영웅들의 삶을 찾아 보기도 하지만 우리는 그와 같은 영웅이 될 수가 없다. 나는 그가 아니기 때문이다. 그와 나는 능력이 다르고 살아온 환경이 다르며 추구하는 방향이 다른데 어떻게 영웅의 삶을 통해 내가 영웅이 될 수 있겠는가.

　　공부에 관심도 없고 재능도 없는 사람이 공부를 잘 하는 사람의 공부 방법을 배운다고 해서 큰 도움이 될 것이라고 기대하기는 어렵다. 다만, 그 사람의 전략과 생각이 내 삶에 지혜를 더해 주어 앞으로의 방향에 도움을 줄 수는 있겠지만 그것은 거기까지다. 그 다음은 본인의 몫에 달려 있다. 왜냐하면 자신의 인생은 오직 스스로의 능력과 역량, 그리고 그가 세운 전략에 의해 결정되기 때문이다. 결국 모든 인간은 먼저 자기 자신에 대해 알 필요가 있다. 그때부터 내가 걸어야 할 진짜 내 길이 보이기 시작한다.

다른 사람의 성공이 아무리 거창해 보이고 훌륭하게 여겨지더라도 그것이 내게 맞지 않는 것이라면 취하지 않음만 못하다. 자신에게 맞는 검을 지니고 있어야 그것으로 상대를 이길 수 있는 것이지 나보다 덩치가 큰 사람이 가지고 있는 길고 무거운 검으로는 전쟁터에 나갈 수가 없다.

자신의 꿈이 자신의 인생을 망하게 만드는 일은 피해야 한다. 꿈은 이상理想이 아니라 현실이다. 무엇을 하든 자기 자신의 상황과 역량을 충분히 고려하지 않으면 안 된다. 모든 출발과 끝은 본인에 의해서 결정되는 것이기 때문이다. 사람은 희망과 욕망만으로 살 수 없다. 인간의 희망과 욕망대로 성공한다면 모두가 왕후장상王侯將相이 되었을 것이다. 그러나 전혀 그렇지 않은 것이 삶이다. 결국 본인의 밥그릇 크기를 정확히 아는 사람만이 성공을 거둘 수 있다.

수많은 사람들이 자신의 능력을 정확히 평가하지 못하고 그릇된 희망만으로 인생을 망치는 경우가 있다. 인생은 도박이 아니다. 매우 안전하게 이끌고 가야 하는 일종의 경영이다. 그러기 위해서는 자기의 능력을 알고 어느 정도 선에서 욕심을 거두고 멈추는 것도 필요하고, 항상 "나는 누구인가?"를 물어봄으로써 본인의 정체성과 역량에 대해서 성찰하는 시간을 가져야 한다. 스스로에게 엄정한 평가를 내리고 그 토대 위에서 인생을 살아가야 한다는 것이다.

원래 사람이란 스스로를 평가할 때 자신이 가지고 있는 본래의 능력보다 높이 평가하는 경향이 있다. 한마디로 말하자면 대부분의 사람들은 자기 잘난 맛에 세상을 살고 있다는 것이다. 하지만 모든 인간은 생각보다 자신이 대단하지 않다는 사실과, 그래서 더욱 겸손해야 한다는 것, 성공하기 위해서는 더욱 더 노력해야만 한다는 사실을 깨달을 필요가 있다.

인생에서 절대적으로 경계해야 할 것은 과욕이다. 무엇보다 자신의 능력을 정확히 알 때에 당신이 꿈꾸는 것이 정당한 희망사항인지 아니면 욕심을 뛰어 넘는 과욕인지를 알 수 있게 된다. 그렇지 않다면 옳은 판단을 내릴 수가 없다. 나를 알기 위해서 내가 일상생활에서 경험하는 내 삶의 모든 것으로부터 나를 돌아보라. 그리고 스스로를 평가하라.

몇 번 실패를 거듭했다고 해서 지나치게 주눅 들 필요도 없다. 누구나 할 수 있는 실수와 실패이며 그것으로 내 능력의 전부를 평가할 수는 없다. 일부가 전체를 대표할 수 없는 것과 같은 이치이다. 그런 오류를 범하기 전에 나를 알아 가는 노력을 계속하라.

또한 다른 사람의 성공사례를 꼼꼼히 분석하고 늘 생각해 보라. 다른 사람의 성공이 나의 거울이 되어 줄 수 있다. 물론 그 사람과 나의 능력이 다르기에 그의 방법을 그대로 쫓을 수는 없지만 타인의 경우를 살펴보면서 나를 돌아보는 것이 가장 필요하다.

같은 유전자를 가지고 있는 핏줄도 무시할 수 없다. 부모님은 물론, 부모님의 형제들, 조부모의 삶까지도 면밀히 살펴보면 그 안에서 공통된 재능과 기질을 파악할 수 있다. 그리고 자신이 살아온 삶의 궤적을 비교해 보면서 자신의 재능과 기질을 알아 가는 것이다. 그렇다면 당신은 성공의 길에 들어선 것이나 다름없다.

'나'를 안다는 것은 참 어려운 일이다. 하지만 계속 생각하고 생각하면 찾을 수 있다. 그럴 때에 내게 맞는 성공 전략을 장착한 채 인생의 길을 달려갈 수 있는 것이다. 인생의 나침반을 가지고 있는 사람은 절대로 길을 잃지 않는다.

Niccolò
Machiavelli

05
인생에서 결과는 절대적이다

사람, 특히 군주의 인간성을 논할 수 있는 재판소는 없으므로 사람들은 어떤 행위의 결과만을 본다. 그래서 군주는 전쟁에서 승리를 거두고 나라를 유지하는 모습을 보여 주는 것이 최고다. 대중은 언제나 겉모습과 일의 결과만을 보고 평가하므로, 누구나 군주의 수단이 훌륭하다고 칭송할 것이다. 게다가 이 세상에는 대중만이 있으며, 그 자리에 소수가 파고들 여지도 없다.

…… 군주, 특히 신생 국가의 군주는 나라를 유지하기 위해 신의, 자비, 인간미를 버리고 때로는 반종교적인 행동도 취할 수 있어야 함을 알아 두라. 모든 백성에게 좋은 사람으로 비치려는 생각만 중요하게 여겨서는 안 된다.

…… 보통 사람들이 하는 대로 하지 않고 언제나 선善을 내세우는 사람은 그렇지 않은 사람들 사이에서 파멸하고 말 것이다. 따라서 권력을 유지하려는 군주는 선뿐만 아니라 악을 행하는 방법도 알아야 하며, 때에 따라 그 태도를 취하기도 하고 그만둘 줄도 알아야 한다. _군주론

인간의 행위가 나빠도 그 결과만 좋으면 된다. …… 조국의 안위에 관련된 문제를 평가하고 논의할 때, 옳고 그른지, 도의에 맞는지, 공명정대한지는 고려할 필요가 없다. 양심의 가책은 모두 벗어던지고 오직 조국의 명맥과 그 자유를 유지할 수 있는 방법에 전념하라. _로마사 평론

그가 왕국이나 공화국을 세울 때 비상수단을 쓰더라도, 사리를 분간할 줄 아는 사람이라면 그를 비판해서는 안 된다. 설령 그 행위가 비난받을 만하더라도 결과만 좋으면 된다. 함께 로마를 세운 동생을 죽인 로물루스의 예에서 볼 수 있듯이, 훌륭한 결과를 만들어 낸 사람의 죄는 언제든지 용서받을 수 있다. 처음부터 끝까지 단순한 파괴에 불과한 것, 대의 없는 폭력이야말로 비난받아야 할 대상이다.

…… 조국의 존망을 걸고 일을 결정할 때는 그것이 정당하든 도리에 벗어난 것이든, 동정심이 있는 것이든, 냉혹한 것이든 무참한 것이든지 간에 그런 것은 전혀 고려할 필요가 없다. 그보다는 조국을 구하고 그 자유를 유지할 수 있는 방법을 찾는 데 몰두해야 한다. _정략론

　<u>모든</u> 일에 있어서 과정이 중요할까, 결과가 중요할까. 우리는 대체로 과정이 중요하다고 생각한다. 그러나 사람들과 세상은 결과로만 모든 것을 평가한다. 예를 들어 내가 열심히 공부했더라도 명문대에 합격하지 못하면 내가 공부를 안 했거나, 머리가 나쁘다고 생각한다. 내가 열심히 했더라도 사업에 실패해서 빈털터리가 되면 나를 실패자로 인식한다.

　그런데 세상은 과정이 더 중요하다고 말한다. 하지만 생각해 보라. 새벽에 일찍 일어나 열심히 신문배달을 한다고 해서 성공하는 것이 아니다. 성실하지 않다고 해서 반드시 실패하는 것도 아니고, 성실하다고 해서 반드시 좋은 결과가 나오는 것도 아니다. 이 얼마나 아이러니한 상황인가. 어찌되었거나 결과를 만들어 내는 것, 그것이 전부다.

　결과가 과정을 앞서는 전부이기 때문에 어떤 식으로든 결과를 만들어 내는 것이 중요하다. 그러나 이렇게 결과주의가 팽배해지게 되면 '수단과 방법을 가리지 않더라도 결과만 좋으면 된다.'라고 생각하게 된다. 그렇게 지금 우리 사회는 수단과 방법을 가리지 않고 결과만 좋으면 그것이 최고라고 생각하는 사람들을 중심으로 흘러가고 있다. 왜냐하면 이런 생각을 하는 사람들은 결과를 위해 모든 것을 할 수 있는 것이 이미 체질화되어 있어 결과를 만드는 것에 강한 사람들로 변화되었기 때문이다.

　이런 사고방식은 자기 마음에는 들지 않더라도 이익에 따라 어쩔 수 없이 상대방에게 고개를 숙이는 행동을 하게 된다. 이 생각과 행동은 얼마나 비겁한가. 그러나 대부분의 직장인들이 이렇게 일을 하고 있다. 사장이 비리를 저지르더라도 그것에 대해서 옳지 않다는 본심을 말하지 않고 시키면 시키는 대로 행동하며 양심을 속이는 것이다. 왜냐하면 본심을 말하는 순간 피해를 입는다고 생각하기 때문이다.

　현재 한국인의 거의 대부분은 이런 전쟁과도 같은 삶을 살아가고 있는 것이 현실이다. 살아남기 위해서는 수단과 방법쯤은 아무렇지 않게 여기는 것이 일상화된 지 오래이다. 한편으로는 씁쓸하다. 그러나 이것은 바꾸기 힘들 만큼 강력한 것이다. 인생은 혼자서 살아갈 수 없으며 언제나 누군가와 관계를 맺어야만 삶을 이어 갈 수 있기 때문이다. 남들에게 좋은 사람으로만 비춰지고 아무 것도 얻는 것이 없어 비루한 삶을 살아가는 것은 정상이 아니다. 삶은 결과를 얻어야만 생존할 수 있고, 생존할 수 있을 때에만 의미가 있는 것이기 때문이다.

　우리들의 삶에서 결과가 중요하다는 것은 부인할 수 없는 현실이다. 아무리 사람 좋다는 평가를 받는 사람이라고 할지라도, 남을 위해 희생하고 봉사하며 자신의 삶을 보냈다고 하더라도 정작 자신은 가진 것이 없다고 생각해 보라. 식구들을 건사하지 못한 가장이 무능한 사람이라는 평가를 받는 것에 그치는 것이 아니라 그의 아내와 자식들의 삶도 흔들리게 되는 것이다. 그러니까 결과주의에 대한 논쟁은 단순히 씁쓸하다고 생각하고 말 문제가 결코 아니다. 결과가 없으면 모든 것이 없는 것이 우리들의 삶이고, 경영의 본질이다. 당연히 우리는 결과를 가장 중시해야 한다. 그러니까 때로는 냉정해야 하고, 때로는 잔인할 수도 있어야 하는 것이다. 그리고 무엇보다도 본인에게 잔인해질 수 있어야 한다. 스스로에게 잔인할 정도로 솔직해져야 한다. 그래서 자기 자신과 자신의 경쟁력에 대해서 평가할 수 있어야 한다. 그래야 결과를 얻을 수 있다.

결과를 중시한다는 것은 결코 중상모략이나 나쁜 짓을 해야 한다는 것을 의미하지는 않는다. 그것은 결국 본인 스스로의 역량 문제이기 때문이다. 먼저 자신을 냉정하게 돌아봐야 한다. 그 다음, 결과를 위해서는 심적으로 힘든 일이라고 할지라도 과감히 행동할 수 있어야 한다.

직장인이라면 때에 따라서는 인간관계를 위해 본심과는 다르게 말할 수도 있어야 하고, 회사의 이익을 위한 로비스트로 활동할 수도 있어야 하며, 세금을 줄이는 방법을 공부하여 실천할 수도 있어야 한다. 또, 상대방을 곤란하게 하지 않는 범위 내에서는 최대한 낮은 가격에 상품을 공급받을 수 있는 방법을 모색해 보고, 대안을 내놓을 수 있어야 한다. 어찌 되었거나 이익을 얻을 수 있는 결과가 없으면 살아갈 수 없기 때문이다.

그렇다면 결과를 위해서 파렴치한 행동도 불사해야 할까? 우리의 법과 도덕은 그러면 안 된다고 말하지만 우리의 삶은 경우에 따라서는 어쩔 수 없다고 말한다. 예를 들어, 원나라에 다녀오던 문익

점 선생이 목화씨 하나를 붓통에 숨겨 오지 않았다면 우리 민족은 오랫동안 추위에 떨어야 했을 것이다. 원나라는 문익점을 파렴치한 도둑놈이라고 생각하겠지만 그는 상대를 속이더라도 추위에 떠는 민족을 위한 최선의 행동을 한 위인이다.

요즘 같은 첨단의 시대에서도 상대방의 기술을 모방하여 새로운 것을 만들 수 있는 사람이 다른 경쟁에서도 이길 수 있다. 그렇게 경쟁에서 이긴 사람이 우위를 차지하여 그때부터는 편하게 사업을 확장할 수 있고 세계를 이끌 수 있는 것이다.

그렇다고 남의 것을 훔치고 빼앗으라는 말이 아니다. 아무리 불가피한 경우라도 인간으로서 지켜야 하는 도덕과 윤리는 분명히 존재한다. 우리가 추구하는 것은 결국 사람의 마음을 얻는 데에 있기 때문에 책략이나 속임수 따위로는 잠깐의 위기는 모면하고 약간의 성공은 가져다줄지 몰라도 그것은 언젠가 무너지고 말 모래 위에 세워진 성이나 다름없다.

결과를 잃으면 모든 것을 잃은 것이기는 하지만, 우리가 원하는 것은 승리라는 결과이지 승리로 가기 위해 속임수로 가득한 과정은 아님을 기억하라.

Niccolò
Machiavelli

06
역사에 모든 것이 담겨 있다

군주는 두뇌를 훈련시키기 위해 역사물을 읽고, 위인의 행적을 연구해야 한다. 위인들이 전쟁에서 어떻게 지휘했는지 알아보고, 그들의 승패 원인을 검토하여 하나의 모범으로 삼아야 하며, 그들이 온 길을 뒤따라야 한다. …… 총명한 군주는 당연히 이런 위대한 인물들의 태도를 존중해야 한다. 평소에도 게으름 피우지 말고 노력하고 실천해서 역경에 처하더라도 충분히 이겨 나가야 한다. 즉, 운명이 뒤바뀌더라도 그것을 견뎌 나갈 수 있는 마음가짐을 길러야 하는 것이다. _군주론

미래의 일을 알고자 하면 과거로 눈을 돌리라는 말이 있다. 시대를 막론하고 이 세상의 모든 일은 매우 비슷한 선례가 있으므로 과거를 보라는 저 말은 이치에 맞다. …… 그러므로 과거의 일을 찬찬히 검토하는 사람들은, 미래에 벌어질 수 있는 일을 예견하고 옛 사람들의 해결책을 적용할 수 있다.

설령 적합한 선례가 없더라도, 비슷한 선례를 통해 새로운 방책을 세울 수도 있다. _정략론

    옛날의 사건을 밝혀내는 사람들은 그 지식으로 어느 나라든지 겪게 될 미래의 일을 예견할 수 있다. 그러므로 옛날 사람들의 대처법을 적용하거나, 선례가 없는 일이라도 비슷한 일을 떠올려 새로운 대비책을 생각해 낼 수 있다. 하지만 세상 사람들은 이러한 관찰에 소홀하고, 드물게 그런 관찰을 하는 사람이 있어도 정치를 담당하는 자가 그의 존재를 전혀 모른다. 이러한 까닭에 세상 어디에서나 같은 소동이 되풀이되는 것이다. _로마사 평론

　우리는 역사가 얼마나 중요한지에 대한 이야기를 많이 듣는다. 그런데 그것이 왜 중요한지에 대해서 아는 사람은 그리 많지 않다. 우리가 역사를 배워야 하는 이유는 '삶의 구체적인 사례'들을 알기 위해서이다.

　우리에게는 영화 〈아라비아의 로렌스〉로 널리 알려진, 영국의 군인이자 고고학자 토머스 에드워드 로렌스Thomas Edward Lawrence는 다음과 같이 말했다. "20세기를 살고 있는 우리에게는 2,000년간의 경험이 축적되어 있다. 그러니 만일 우리가 아직도 싸워야 한다면, 잘못 싸워 놓고 변명할 여지가 없다."

　우리에게는 이미 2,000년을 뛰어 넘는 엄청난 양의 경험들이 축적되어 있고 따라서 이를 모두 이해하고 나면 내 앞에 펼쳐진 여러 문제들은 껍데기만 다를 뿐 결국 본질은 같다는 것을 알게 된다. 그것을 참고하고 따라하면 어떤 전쟁에서든 우리는 승리를 거둘 수 있다.

　물론 역사적인 영웅이나 상황을 무작정 따라 해서는 안 된다. 그의 능력과 나의 능력이 다르고, 그때의 상황과 지금 현재의 상황이 다를 수 있기 때문이다. 그래서 그 적용은 보다 면밀하게 해야 한다. 그러나 영웅이 살아온 삶과 각각의 상황에서 어떻게 행동했는가를 배워야 한다. 어떤 생각으로 그 행동을 했고, 그로 인해 어떤 결과가 도출되었는지를 보면서 역사의 교훈을 배워야 한다. 그러면 로렌스의 말대로 싸움에서 질 여지란 존재하지 않기 때문이다.

이미 지난 시간임에도 불구하고 우리가 과거에 눈을 돌려야 하는 이유는 또 있다. 인간의 본질은 과거나 지금이나 전혀 차이가 없기 때문이다. 우리가 왜 고전古典을 보면서 고개를 끄덕이는가? 그 시대에 살던 사람이나 지금을 살고 있는 우리나 가치관과 감성에는 별반 차이가 없기 때문이다. 역사는 인간의 본질이 같다는 데에서 출발한다. 그래서 과거 수백 년에서 수천 년 전의 사람들을 보면서 지금의 나를 만날 수 있는 것이다. 그들은 내가 겪어야 할 상황들을 미리 경험한 선배이며 내가 갈 길을 안내해 주는 친절한 가이드이다. 이것이 우리가 역사를 공부하고 그것을 이해해야 하는 이유이다.

역사서를 볼 때에는 구체적인 사례들을 정확히 아는 것에서 출발해야 한다. 그래야 정확한 지식을 가지고 지금 내 삶에 적용하는 방향으로 나아갈 수 있다. 역사를 잘 배우고 이용하려면 어떻게 해야 할까? 방법은 하나다. 시간이 나는 대로 역사서를 읽는 것이다. 그렇게 내 삶에 수세기의 역사가 쌓이다 보면 순간순간 번뜩이는 좋은 아이디어가 떠오를 것이다. 어떤 고민거리가 있을 때 관련된 주제의 책을 읽으라는 이야기도 같은 맥락으로 이해하면 쉽다. 내가 고민하고 있는 주제를 작가 또한 고민하고 있었을 것이고 그렇기 때문에 책을 읽다 보면 그 작가가 제시하는 방법을 토대로 내 문제를 해결할 수 있기 때문이다. 역사서도 이와 같다. 쉽지 않은 작업일 수도 있지만 역사의 다양한 사례들을 읽으면서 내 삶을 대입하면 우리는 매 순간 지난 역사 안에서 지금 내가 필요한 답을 얻을 수 있다.

우리의 삶은 결코 녹록치 않다. 누구나 자신만의 고민과 고통을 안고 살아가고 있으며 그런 과정을 겪으면서 우리는 모두 강하게 성장하고 있다. 사람은 스스로 관찰하고, 공부하고, 생각하는 일을 게을리 하지 않을 때 인생을 현명하게 살 수 있다. 그러나 그렇게 하는 사람은 드물다. 때문에 실패하는 사람이 많다.

우리는 역사, 즉 다른 사람에게 끊임없이 배워야 한다. 사람은 모두 똑같은 욕구를 가지고 움직이고 있기 때문이다. 교육과 문화의 차이로 인해 국가마다 다른 모습을 보이기는 하지만, 결국 본질은 같기 때문에 어떤 계기만 주어지면 모두 같은 모습으로 움직이는 것이 본질이다. 이것을 안다면 인간의 본질을 다루고 있는 역사서를 존중하지 않을 수 없을 것이다.

평생 무언가를 배우는 데 힘써야 한다.
정신에 담고 머리에 집어넣는 것이 우리가 가질 수 있는 최고의 자산이다.
_브라이언 트레이시

Niccolò
Machiavelli

07
성공은 자기가
보고 싶은 것만 보지 않을 때
이루어진다

군대의 지휘관은 누가 보아도 분명히 실책이라고 느껴지는 수법에 넘어가지 않도록 조심해야 한다. 보통은 그런 실수를 할 까닭이 없으므로 그러한 경우에는 실책 뒤에 교활한 책략이 숨겨져 있는 것이 틀림없기 때문이다. 그러나 사람들은 승리하고 싶다는 일념으로 분별력을 잃고 자기에게 유리한 대로 해석한다.

…… 아라곤 왕국의 페르난도가 말한 것처럼 인간은 작은 짐승과 다름없는 짓을 한다. 작은 새는 본능에 사로잡혀 먹이를 먹으려 열중한 나머지, 더 큰 새가 꼭대기에서 저를 잡아먹으려고 노리는 줄을 모른다. 인간도 그와 비슷한 행동을 하는 것이다.

…… 사람의 욕심에는 끝이 없어서 눈앞의 욕망을 채우려고 애쓰지만 머지않아 닥쳐 올 재앙은 생각조차 하지 않는다. _로마사 평론

이기고 싶다는 마음으로 가득 차면, 무엇이든 아군의 이익이 된다고 생각되는 일만 눈에 들어온다. …… 누구든지 전쟁을 시작하고자 하면 언제든지 그리 할 수 있지만, 그만둘 때는 마음대로 되지 않는다. 그러므로 군주는 전쟁을 시작할 때 자기 힘을 너무 믿지 않도록 조심해야 한다.

…… 먼저 자신의 상황을 잘 파악한 뒤에 일의 어려움을 판단해야 한다.

_정략론

테크놀로지의 선구자라고 불리는 스티브 잡스의 일대기를 다룬 영화 〈잡스 Jobs〉를 보면 스티브 잡스와 그의 직원 자니가 이런 대화를 나누는 장면이 나온다.

자니 : 요즘 컴퓨터는 섹시하지가 않아요. 예술을 위한 도구인데 곡선미도 없고 왜 그렇게 흉물스럽죠? 어떤 것보다 예술적이어야 하는데 아무도 신경을 쓰지 않아요. 세상은 컴퓨터를 흑백으로 인식하지만 우린 살아가고 꿈꾸고 색을 칠하잖아요. 컴퓨터도 그래야 돼요. (디자인 그림을 스티브 잡스에게 보여 주며) 어떠세요?

스티브 잡스 : 자니. 나한테는 항상 솔직히 말해 줘, 무조건. 잔인할 정도로 솔직하게. 알았어?

자니 : 네.

스티브 잡스 : 자네 생각은 어때?

자니 : 제 생각엔 파란색이 어울리질 않아요.

스티브 잡스 : 이러면 어때? 스피커를 안에 넣는 거지.

자니 : 그렇지만 대표님이 허락하지 않을 거예요.

스티브 잡스 : 허락 따위 필요 없어.

잔인할 정도로 솔직해져야 한다는 스티브 잡스의 말은 나에게 큰 울림을 준다. 우리는 얼마나 솔직하게 살고 있는가? 아마 그렇다고 말할 수 있는 사람은 별로 없을 것이다. 우리는 솔직함을 잃은 사회에 살고 있기 때문이다. 하지만 나는 늘 강조한다. 적어도 자신에게만큼은 잔인할 정도로 솔직해져야 한다고.

자신에게 솔직하다는 것이 무슨 말인가? 자신이 원하는 것이 무엇인지 정확히 파악해야 한다는 말이다. 그것은 내가 어떤 삶을 살아가고 싶은지 아는 사람만이 들을 수 있는 소리이다.

우리는 일이 잘 풀리지 않을 때 애써 그것을 외면하려는 심리를 가지고 있다. 내가 보고 싶은 것만 보고 듣고 싶은 것만 들으려 한다. 그렇게 자기 안에 편협한 세계를 만들어 놓고 그 안에 갇혀서 움직이지 않은 채 실패를 맞이한다. 자신의 내면에서 무슨 소리를 내는지 들으려 하지 않고, 설사 듣는다 하여도 그것을 인정하지 않기 때문에 벌어지는 결과이다.

우리는 잔인할 정도로 솔직해져야 한다. 노골적이어도 좋다. 자신의 욕망이 노골적이어야 자신의 욕구는 더욱 선명하게 드러난다. 선악이나 명분 따위에 빠져서 세월을 헛되이 보내면 안 된다. 자신에게 만큼은 잔인할 정도로 솔직해져야 하고, 어떤 결심이 섰을 때에는 꼭 해야만 한다. 그렇게 하다가 포기하는 것도 어쩌면 용기 있는 결단이 될 수 있다. 하지만 포기하기 전까지는 무엇도 고려하지 않고 오로지 목표에 전념하라. 그때에 당신은 성공을 만날 수 있다. 계속 자신을 속이고, 세상을 속이면 당신의 인생도 속게 된다.

보고 싶은 것만 보면서 사는 것은 새가 벌레를 쫓느라 자신을 노리고 있는 사냥꾼의 총부리는 보지 못하는 것과 같다. 그때부터 엄청난 위기가 시작된다. 내가 보고 싶은 것만 보고, 내가 하고 싶은 것만 하고, 내가 듣고 싶은 것만 들어선 안 된다. 내가 보기 싫은 것도 볼 줄 알아야 하고, 내가 하기 싫은 것도 할 줄 알아야 하며, 내가 듣기 싫은 것도 들을 줄 알아야 한다. 잔인할 만큼 그렇게 싫은 것도 완벽하게 할 줄 알아야 한다는 말이기도 하다. 스스로에게 잔인해져야 한다는 것은, 그만큼 자신을 객관적으로 볼 수 있는 눈을 가지게 됐다는 소리니까.

내 눈을 열고 내 머리를 떠나 마치 공중에서 나를 바라보는 것처럼 살아야 한다. 이 세상 전체를 객관적으로 인식할 때 나라는 존재도 객관적으로 바라볼 수 있다. 그때에는 나와 경쟁하는 모든 것들을 오롯이 바라볼 수 있으며, 천재들의 삶 또한 내 삶과 비교하여 내 부족한 부분을 채울 수 있다. 무인도에서 살고 있는 나의 삶, 우주에서 표류하고 있는 나의 모습, 부모님과 가족 모두가 내 곁을 떠났을 때의 나의 외로움, 내가 이루고 싶은 이상적인 나의 꿈, 실제로 내가 살고 있는 현실적인 모습 모두가 떠오르면서 내 자신을 객관적으로 인식하게 된다.

승부는 내가 아니라 세상이 결정한다. 그러니 자신이 지니고 있는 경쟁력이 무엇인지 냉정하게 파악하고 자기 자신에 대해 더욱 냉철해져야 한다. 세상의 요구를 만족시키지 못하면 절대로 이길 수 없다는 것이 냉엄한 현실이다. 실패한 사람들에게는 여러 가지 이유가 있으나 그중 가장 큰 것은 자기중심적으로 생각한 데에서 이유를 찾을 수 있다. 그저 자기 편하고 좋은 것만 생각하다 보면 타인과 세상을 볼 수 있는 눈을 갖지 못하고 그들을 이해할 수 없으며 타인에 대한 배려, 상대를 생각하는 마음, 누군가를 도와주려는 선행, 스스로에게 냉엄해지려는 다짐 등이 거의 사라진 상태에 다다른다. 그래서 힘이 들 때에는 어리광이나 부리고 세상에 불평불만을 쏟아 내면서 신세한탄만 하게 된다.

다른 사람도 생각하고 돌보며 살아갈 줄 아는 눈치 있는 사람이 되어야 한다. 다른 사람의 눈치를 보면서 삶에 휘둘리라는 것이 아니라 그들의 좋은 반응을 이끌어 내기 위해서 자신이 무엇을 해야 하는지에 대해 생각을 하고 살아야 한다는 의미다. 회사에서 일을 할 때도, 사업을 할 때도, 연애를 할 때도 상대를 생각하는 사람은 어디서나 사랑받으며 인정받고 승승장구한다.

내 입장보다 상대의 입장을 먼저 생각하는 사람은 반드시 성공한다. 회사에서도 성공하는 사람은 회사를 위해서 절대 충성하며 최선을 다해서 일하는 사람이고, 사업에서도 성공하는 사람은 고객을 왕보다 더 섬기는 사람이다. 남녀 관계를 보라. 연애를 결정하는 것은 외모나 조건이 아니다. 특히 곰 같은 투박한 외모의 남자가 미녀와 함께 데이트하는 경우를 심심치 않게 볼 수 있는데, 그것은 그가 여자에 대해 섬세한 마음을 최대치로 발휘한 결과라고 볼 수 있다. 이 세상에 부자이거나, 최고의 명문대를 졸업했거나, 최고의 직업을 가지고 있는 사람이 과연 얼마나 될까? 1퍼센트도 되지 않을 것이다.

성공의 문은 누구에게나 열려 있다. 무언가를 얻고 싶다면 자기 편한 대로 생각하지 말고 상대가 원하는 것을 목숨 걸고 해내는 사람이 되어야 한다.

상대를 만족시키는 것에 초점을 맞추어라. 그것은 나를 버리는 작업이다. 내 욕망, 무언가를 하고 싶은 마음들을 버려야 성공할 수 있다. 많은 것을 원한다는 것은 원하는 것이 하나도 없다는 말과도 같다. 사랑, 직업, 재물, 친구, 외모까지 모든 것을 가질 수 있는 사람은 드물다. 그러니 자신에게 더욱 솔직해지고 결국 원하는 것 한두 가지로 좁혀야 한다. 그것에 모든 것을 걸었을 때에 당신은 만족할 수 있는 삶을 살 수 있으며 그때서야 진정한 자기 자신을 만날 수 있다.

성공은 자기가 보고 싶은 것만 보지 않을 때 이루어진다. 냉정한 판단과 선택으로 자신을 분석하고 지금 당장 할 수 있는 것 하나씩 이루어 가는 것이 중요하다.

단, 무모함을 경계하라. 늘 자신의 역량과 상황을 고려하고 세상의 요구에 민감하게 반응해야 한다. 자기중심주의자가 되지 않도록 조심하라. 내 안에만 빠져서 타인을 잊어버리는 순간 실패가 다가온다. 자신이 할 수 있는 최선에 도전하는 사람은 성공을 넘어서 사회에 큰 도움을 줄 수 있는 사람이 된다. 마치 스티브 잡스가 그랬던 것처럼.

자신의 기분을 좋게 하는 가장 좋은 방법이 있다.
그것은 다른 사람의 기분을 좋게 하며 기운을 북돋워 주는 것이다.
_마크 트웨인

08
평소에 조금씩
꾸준히 끈질기게

고대 그리스의 펠로폰네소스 반도 북쪽 아카이아 지방 도시들은 기원전 280년 무렵에 해적을 막기 위해 동맹을 결성했다. 이 동맹의 지도자인 필로포이멘은 늘 전술에 대한 일을 파고들었다는 점에서 역사가들에게 온갖 찬사를 듣고 있다. 그는 친구들과 밖에 나가서도 자주 '적은 저 언덕에 있고, 우리는 여기에 있다면 어느 쪽이 더 유리할까?', '여기의 진형을 어떻게 이용해야 적의 공격을 막을 수 있을까?', '후퇴는 어떻게 하는 것이 좋으며, 적이 후퇴할 경우에는 어떻게 추격할까?' 등의 대화를 나누었다. 그렇게 친구들과 의견을 주고받으며 그는 자기만의 전술을 만들어 갔다. 이렇게 지혜를 쌓은 필로포이멘은 스스로 군대를 지휘할 때 무슨 사건이 일어나도 당황하지 않고 대책을 세웠다.

…… 인간은 일찍부터 기초를 닦아 두어야 한다. 뒤늦게 하려면 몇 배의 노력이 필요하다. 늦게 시작하면 그만큼 건축가의 노력이 더 필요한 데다가

건물 그 자체도 그리 튼튼해지지 못한다. _군주론

강대한 나라와 거리적으로 멀리 떨어져 있어서 별로 만날 일도 없는 나라는, 강국에서 어떤 일이 벌어지건 신경 쓰지 않으며 설마 자기에게 불똥이 튀리라고는 생각지도 못하고 태평하게 지낸다. 이것이야말로 큰 착각이다. 약소국은 그 불길이 자기 몸에 옮겨 붙고 나서야 비로소 자기 잘못을 깨닫지만 때는 이미 늦었다. 이미 불길이 너무 거세서 도저히 자기 힘으로는 끌 수 없는 지경에 이른다. _정략론

인간은 시간적 여유가 있다고 생각하면 느긋해져서 쉽게 결심을 굳히지 않는다. 그러나 긴급한 상황에 이르면 아주 황급하게 행동을 결심한다.
…… 공화국이든 군주국이든, 국가를 통치하는 자는 현재 나라가 어떤 위험에 빠져 있는지, 위기가 닥치면 어떤 사람이 필요한지 충분히 깊게 생각해 두어야 한다. 필요한 사람을 알아 두었다면, 나중에 국가에 재난이 닥쳤을 때 그가 나라를 위해 은혜를 갚을 마음이 들도록 미리 손을 써 두어야 한다.
공화국이든 군주국이든, 위기가 닥쳤을 때 은혜를 베풀어 민심을 얻을 수 있다고 생각하지만 그것은 큰 착각이다. 그러한 지도자는 민중의 지지를 얻기는커녕 파멸을 앞당길 뿐이다. _로마사 평론

한 사람의 성공에 결정적인 영향을 주는 때가 있다. 특히 다른 때보다 성공에 큰 영향을 주는 어느 시기를 만나면 우리는 그 시간을 두고 '결정적 타이밍'이라고 부른다. 그러면서 인생에서는 타이밍이 중요하다는 말을 한다. 인생에서 타이밍을 무시할 수는 없다. 분명 어떤 특정한 시대의 흐름이 있고, 그 흐름에 맞는 행동은 큰 파급력을 나타낼 수 있기 때문이다. 그러나 아무리 타이밍이 좋아도 평소에 실력을 키우지 않으면 어떤 기회도 살릴 수 없다.

공격수가 상대 진영의 골문 앞에 있고 미드필더로부터 공을 패스 받으면 그는 결정적인 기회를 잡은 것이다. 그러나 평소에 공을 차는 연습을 부지런히 하지 않은 선수라면 그런 천금 같은 기회를 살릴 수 없게 된다. 골문 앞에 있다고 해서 모든 선수가 다 골을 넣을 수 있는 것은 결코 아니기 때문이다. 그래서 좋은 기회라는 것도 평소부터 실력을 쌓지 않아 준비가 되지 않은 자에게는 아무 소용이 없는 것이다. 따라서 인생의 성공에서 가장 중요한 시기는 바로 오늘, 바로 지금, 바로 여기이다.

평소에 흔히 하는 훈련도 실전이라고 생각하고 임하는 사람과 마지못해 하는 사람은 다를 수밖에 없다. 이는 당연한 것이다. 무엇을 하든 매일 쉬지 않고 진행하는 것이 필요하다. 갑자기 무언가를 이루기란 여간 어려운 일이 아니다. 매일 쉬지 않고 하는 것보다 강한 힘을 발휘하는 것도 없다. 일도, 운동도 그렇다. '늦게라도 죽도록 하면 되겠지.'라고 생각할 수 있지만, 절대로 그렇지 않다. 왜냐하면 인간의 몸과 머리에는 한계가 있기 때문이다. 죽도록 하면 죽는다. 하루에 17시간씩 몰아서 일한다면 보통은 일주일에 2~3일은 쉬어야 체력 회복이 될 것이다. 그것보다는 하루 8시간씩 꾸준히 하는 것이 능률을 높이는 데는 더 좋다. 평소에 조금씩 꾸준히 해 나가는 사람이 가장 강하다. 운동도 갑자기 해서는 몸이 만들어지지 않는다. 급하다고 하루 8시간을 하는 것이 아니라, 힘들 때는 하루 30분만 하더라도 쉬지 않고 하는 것이 더 효과가 좋다.

그러나 사람은 게으름을 피우기 좋아하고, 제 꾀에 제가 속아 넘어가기 쉬운 존재이다. 잘 나갈 때는 주위에서 모두가 인정해 주고 존경해 주니 허리끈을 푸는 것이다. 그리고 발등에 불이 떨어져야만 필사적으로 행동한다. 인간은 분명 영원히 철들지 않는 존재일 수도 있다. 머리로는 알고 있어도 몸과 생각이 따로 놀기 때문이다. 그렇기 때문에 의식적으로 노력을 해야 한다. 배가 부를 때 느슨해지지 않도록 나를 다잡아야 하고, 지금은 미래가 전혀 보이지 않더라도 그저 소처럼 우직하게 열심히 해야 한다. 그렇게 나의 내공을 키워 나가야 한다. 최고들은 모두 최고의 내공을 가지고 있다는 공통점이 있다. 그 내공을 키울 시간은 오직 지금뿐이다. 그런 생각을 가지고 지금의 자리에서 노력해야 한다.

사업이나 일도 마찬가지다. 평소에 최선을 다해서 위기를 대비해야 한다. 잘 나갈 때가 가장 위험한 때일 수도 있다. 왜냐하면 잘 나갈 때는 그렇지 못할 때를 반드시 대비해야 하는데, 그때는 막상 잘 나간다고 해서 대비를 게을리 하기 때문이다. 그래 놓고는 회사가 어려워지면 서둘러서 조치를 취하지만, 이미 늦은 것이라 효과는 거의 없다. 한번 기운 배로 바다에 나가기는 힘들다. 평소에 대비를 하며 수리 보수를 철저히 했었다면 바다에 빠지는 일은 없었을 텐데 그렇지 못했기 때문에 작은 구멍에도 배가 침몰하는 것이다. 무엇이든 잘 나갈 때가 매우 중요하다. 이때 다음을 대비하지 않으면 위기가 닥쳤을 때 극복하지 못하고, 그러면 이미 늦은 것으로 모든 게임이 끝나게 된다.

하지만 인간은 위기가 닥쳐도 다시 일어설 수 있다. 궁하면 통한다는 말처럼 밑바닥으로 떨어지면 다시 치고 올라올 일만 남았기 때문이다. 그러나 그때 가서 죽을 고생을 하며 일어서는 것보다 지금 노력했을 때 오히려 몇 배 몇 십 배의 결실을 얻을 수 있다.

성공을 꿈꾸는 모든 사람은 명심해야 한다. 오직 지금에 기회의 모든 것이 있다는 것을! 평소에 매일 꾸준히 노력하는 사람은 반드시 성공할 수 있다. 최고의 내공은 평소의 꾸준함 속에서 커 나가는 것이기 때문이다. 마키아벨리는 《정략론》에서 이렇게 말했다. "각자 평소에 배우고 행해 온 대로 행하라."

달팽이가 노아의 방주에 오를 수 있었던 비결은 끈기 하나에 있다.
_찰스 H. 스펄전

Niccolò
Machiavelli

09
성을 쌓는 자는 망한다

정예군이 있는 공화국이나 왕국에는 성채城砦가 필요 없다. 반면 훌륭한 군대가 없는 국가는 성채를 가져 봤자 아무 소용이 없다. 왜냐하면 정예군은 성채가 없어도 훌륭하게 방어해 낼 수 있고, 정예군이 뒷받침해 주지 않는 성채는 이용 가치가 전혀 없기 때문이다.

…… 강력한 군대가 없는 군주는 성채를 쌓으면 안 된다. 이런 군주들은 오히려 성채 대신 자기가 사는 도시를 강하게 만들고 물자를 모으며 민생이 나아지도록 힘써야 한다.

이런 것을 게을리 하지 않는다면, 적군이 공격해 오더라도 화평을 맺을 때까지 또는 동맹국의 원군이 구하러 와 줄 때까지는 버틸 수 있을 것이다. 그 밖의 다른 일은 어떤 계획을 세운다 하더라도 공연히 돈만 들 뿐이며, 전쟁이 터지면 아무 짝에도 소용없는 일이 될 뿐이다.

…… 심장을 비롯한 육체의 활동원이 되는 장소를 무장시켜 두어야 한

다. 주변 부분인 손발에는 그렇게까지 할 필요가 없다. 다시 말해서 심장을 잃으면 죽을 수밖에 없지만, 손발은 다칠지언정 생명에는 지장이 없을 것이다. _정략론

　오랜 세월이 흐르는 사이에 성채가 오히려 국가에 해를 끼치는 일이 많다는 것을 깨닫게 된다. 앞서 말했듯이 첫째, 성채가 있으면 군주들은 안하무인이 되어 백성을 더욱 거칠게 대하기 때문이다. 둘째, 성채 안에 있다고 해서 군주들이 생각하듯이 안전하지는 않기 때문이다. 성채는 백성의 마음을 억누르는 역할을 전혀 하지 못한다. 이 문제를 해결하는 데에는 오직 두 가지 방법뿐이다. 즉, 로마인을 따라 해서 필요할 때마다 정예병을 이끌고 전투할 능력을 가지고 있거나, 민중을 짓밟아 그들을 섬멸하고 해체시켜 군주들에게 대항하지 못하도록 하는 것이다.
　…… 그 제노바의 군주는 무척 총명하여, 성채가 아니라 사람들의 의사에 따라 나라의 주권이 유지된다는 것을 알고 있었으므로 성채를 파괴해 버렸다. 그 나라 사람들은 성채에 의지하지 않고 자신들의 용기와 예지를 믿었으며, 그리하여 나라를 되찾고 유지했던 것이다. 예전에는 군인 1천 명만 있으면 제노바를 쉽게 제압할 수 있었지만, 그때부터는 군인 1만 명을 동원해도 끄덕도 하지 않게 되었다.
　…… 성이 없어도 정예군이 있으면 충분히 군주를 지켜 주지만, 성만 있고 정예병이 없으면 아무런 힘이 되지 않는다. _로마사 평론

　한국 사회만큼 타이틀에 목숨을 건 나라가 있을까? 학벌, 공모전, 경력, 자격증, 영어 성적 등 우리나라는 많은 사람들이 이런 외형적인 성곽城郭에 목을 매고 있다. 그러면서 자신만의 매력은 잃어버리고, 많은 사람들이 원하는 모형에 자신을 억지로 끼워 맞추려고 하고 있다.

　모든 사람은 저마다의 매력이 있다. 그래서 이 매력을 충분히 발휘할 때 상대방은 반응을 보인다. 그러나 사람들은 자신의 매력을 가꾸기보다는, 사회에서 옳다고 주입하는 생각에 맞춰서 그저 화려한 성곽을 쌓으려고만 한다. 자기만의 매력이나, 업業의 경쟁력을 높일 수 있는 힘은 기르지 않고 헛심만 빼고 있는 것이다.

　누구나 자신을 지켜 줄 무언가를 갖고 싶어 한다. 이것은 국가도 마찬가지다. 그래서 예전부터 많은 나라에서 성곽을 쌓았다. 그것만 있으면 다소 군사력이 약하더라도 외부의 적으로부터 나라를 지킬 수 있다고 생각한 것이다. 그러나 백성들이 동원되어 만든 그 성곽들은 실제로는 효과가 별로 없었다. 그것은 왜일까? 이유는 여기에 있다. 최고의 군대는 성곽에 관계없이 공격을 할 수 있기 때문이다. 중국 진나라의 진시황제는 흉노족을 막기 위해서 만리장성을 쌓았지만 그것은 적을 막아 주지 못했다. 왜냐하면 흉노족은 만리장성을 돌아서 공격을 해 왔기 때문이다. 진시황제가 흉노족과 대적하고 싶었다면 성곽을 쌓을 것이 아니라 군대의 실제 전투력을 높였어야 했다. 전쟁을 이길 수 있는 방법은 강력한 군대에 있다. 전쟁은 군대로 이기는 것이지, 성곽이나 외교로 이길 수 있는 것이 아니다. 근본적으로 군대의 힘이 없는 상태에서는 그 무엇도 승리를 장담할 수 없다. 중요한 것은 진짜 실력이지 다른 수단이 아니기 때문이다. 그런데도 많은 군주들은 혹시나 하는 마음으로 성곽을 쌓았고, 오히려 그 때문에 군대의 힘을 키울 수 있는 기회를 빼앗기고 말았다.

성곽의 문제를 우리의 인생과 경영에 대입해 생각해 보면 우리는 어떻게 살아야 하는가에 대한 답을 내릴 수 있게 된다. 무엇보다도 실력에 집중해야 한다. 실력 외에 다른 수단에 의지해서는 결코 승리를 할 수 없다. 지금의 시대는 학벌, 영어 성적, 자격증, 공모전으로 살아갈 수 없는 시대이다. 전국에서 공부 꼴찌를 하더라도 요리만 잘하면 최고의 요리사로 성공할 수 있다. 소설가 이외수와 개그맨 유재석이 학벌이 좋아서 성공을 했는가? 영화배우 설경구가 좋은 학교를 졸업해서 성공한 것인가? 대기업에 다니는 사람들도 그들의 학벌만으로 임원직을 장담할 수 있는가? 영어 성적이 성공을 보장하는가?

인생의 모든 싸움은 본업의 경쟁력의 없으면 도저히 할 수가 없다. 자기만의 매력에 집중하지 않으면 진정한 승부를 할 수가 없다는 말이다. 그런데도 왜 우리는 다른 것에 힘을 빼고 있는가? 기업이라면 무엇이 중요한가? 자신들의 전문 분야가 있어야 하며 그 분야의 기술력이 세계 최고 수준에 올라야 한다. 그 외에는 사실상 사족蛇足에 불과하다.

그것으로는 승부를 걸 수 없다. 진정한 경쟁력만 확보한다면 세계에서도 승부는 얼마든지 가능하다. 그러나 본질이 아닌 것에 에너지를 투입하면 기회비용의 손실로 인해 실패를 맛보게 된다.

우리의 삶도 마찬가지이다. 내가 원하는 것, 그것이 무엇인지 아는 것이 본질이다. 그 외에는 사족이다. 내가 원하는 궁극의 본질에 집중해야지 다른 것에 신경을 팔면 안 된다. 그러나 우리 사회는 아직도 남의 이목耳目을 지나치게 신경 쓰고 있고, 자신에게 솔직하지 못한 모습을 보이고 있다. 그래서는 진짜 우리가 원하는 것으로부터 나만의 행복을 얻지 못할 가능성이 커진다. 중요한 것은 성곽이 아니라 진정한 군사력 그 자체에 있다.

성곽을 쌓지 않으면 얻을 수 있는 이점이 또 있다. 성곽이 있으면 믿을 대상이 있다고 생각하게 되어 안하무인眼下無人이 되거나, 그것을 의지하고 방심하게 되어 경쟁력이 떨어진다는 점이다. 대부분의 인간은 어딘가 기댈 곳이 있다고 생각하게 되면 치열함이 떨어진다. 이른바 절박함이 없어져서 노력할 이유가 없기 때문이다. 대초원의 광활한 벌판에서 그 누구도 나를 지켜 줄 수 없다는 절박함이야말로 최고의 생존 무기가 된다. 흔히 위기가 기회라고 하는 것도, 모든 인간은 가장 큰 위기가 왔을 때 가장 크게 긴장하며 최선을 다하기 때문이다. 과거 가난한 집안에서 태어나 부자가 되고, 대통령이 되며, 한 나라를 창업한 이야기는 뜬구름 잡는 소리가 아니다. 그런 환경에서 태어나면 사람은 필연적으로 강한 사람으로 변할 수밖에 없다. 만약 그 상황에서 강하지 않으면 죽음 외에는 길이 없게 되기 때문이다. 그래서 어쩔 수 없이 강해진다.

그러나 무언가 믿을 것이 있게 되면 사람은 마음을 놓게 된다. 예술가들도 초창기 배고플 때 작업한 것은 창의성이 돋보이지만, 어느 정도 자리를 잡은 예술가들은 매너리즘에 빠진 모습을 보여 주지 않는가. 그것은 예술 평론가들이 이구동성으로 지적하는 말이다.

우리는 무엇도 의지하지 말아야 한다. 무엇보다도 본질에 집중해야 한다. 나는 나 자신의 실력에 의지해야 하고, 내 인생은 나 그 자체에 의지해야 한다. 그럴 때 진정한 경쟁력이 배가 되고, 진짜 강한 나로 태어날 수 있기 때문이다.

진짜 실력과 타이틀 중에 한 가지만 고르라고 한다면 절대적으로 진짜 실력에 표를 던져야 한다. 그렇게 진정한 경쟁력에 집중할 때 내가 살고 싶은 삶을 살 수 있게 된다.

Niccolò
Machiavelli

10
단점은 장점의
다른 이름이다

　어떤 일을 달성할 때까지 여러 가지 어려움을 겪어야 하는 것은 두말할 나위가 없다. 사실 아무리 좋은 일이라 하더라도 거기에는 좋지 못한 일도 꼭 따른다. 단점은 장점과 아주 가깝게 붙어 있어서, 단점까지 받아들여야만 성공을 기대할 수 있다. 이러한 경향은 사람이 하는 일이라면 어디에나 있다. 그러므로 천운이 따라서 그 단점을 끊어 주지 않는 이상, 성공을 거두려면 여러 어려움을 겪어야 한다.
_정략론

　이미 다른 곳에서도 말했듯이 인간이 무언가를 이루기 위해서는 고난을 겪어야 한다. 이와는 별도로, 인간이 하는 일에는 언제나 선과 악 두 가지가 따라온다. _로마사 평론

우리 시대 최고의 영웅으로 추앙받는 스티브 잡스. 우리는 그의 혁신성과 창의성, 신들린 듯한 열정과 마치 예술가와 같은 심미안 등에 호응하고 박수를 보냈다. 그는 이미 경영인의 단계를 넘어 전세계인의 신화가 되었다. 그러나 우리가 잘 모르는 그의 인간성은 어떤가? 그를 평가하는 많은 글들을 보면 그 사람을 알 수 있다. 어떤 이유로든, 그는 친구의 어려움을 외면한 적도 있고 돈 되는 것이라면 가리지 않고 달려든 일 중독자였으며 회사 내에서는 친한 동료가 별로 없는 사람이었다. 그래서 독단적이고 자기중심적이라는 평가를 받는 경영자이기도 했다.

하지만 우리가 명심해야 할 점이 있다. 바로, 단점이 존재하기 때문에 장점이 두드러져 보인다는 것이다. 실제로 스티브 잡스가 천사처럼 행동하며 불쌍한 사람들을 도와주었거나, 누구하고나 친하게 지내는 친화력의 소유자였거나, 일과 여가를 모두 중요하게 생각하는 사람이었다면 그의 존재는 지금처럼 열광적으로 다가오지 않았을지도 모른다.

과격함, 참지 못하는 성격, 자기 마음대로 하려는 독단적 태도 등은 우리가 흔히 나쁘다고 여기는 성격이며 큰 단점으로 비치기도 한다. 그러나 일이 진행되게 하려면 때로는 과감할 필요도 있고, 전투적으로 싸워야 할 때도 있으며, 화를 크게 내야 할 때도 있다. 그렇지 않으면 일이 제대로 진행되지 못해 회사가 큰 위기를 맞이할 수도 있기 때문이다. 단점으로 치부됐던 성격이 모두를 살리는 성공의 요소가 되기도 한다니 참 아이러니하다.

심리학자 프로이트가 '부자들은 정상인의 범주에서 벗어나 있는 사람들'이라고 말한 적이 있다. 그것은 그들이 상식적으로 이해가 되지 않는 이상한 사람들이라는 말과 같다. 그들도 사람인 이상, 모두 단점이 있었을 것이다. 여러 문제점도 지니고 있었을 것이고 무언가 괴팍한 면도 보였을 것이다. 어쩌면 그런 단점들이 오묘한 화학작용을 일으켜 결국 부자가 된 것은 아닐까?

아시아 최고의 CEO를 꼽으라면 많은 사람들이 소프트뱅크의 손정의를 꼽는다. 그는 그야말로 환상적인 사람이다. 성공한 기업가인 그에게 모두가 존경을 표시하고, 그도 늘 웃는 낯으로 사람을 만난다. 어떤 면에서는 섬세한 면을 보여 주위를 깜짝 놀라게도 하지만, 경영에 관련된 일을 처리할 때면 냉정한 CEO로 돌변하기도 한다. 감정이 없는 사람처럼 삭막한 기운을 풍길 때도 있다. 그가 다중적인 성격을 가져서가 아니라 그저 자기만의 세계관이 확실한 사람이기 때문이다.

이런 CEO는 아랫사람을 피곤하게 만드는 스타일이 되기 쉽다. 새벽에도 아이디어가 생각나면 직원들을 호출하고, 자기 생각에 자신감이 가득하기 때문에 다른 사람들의 의견을 수용하지 않고 대중들의 생각보다 앞서 나갈 수도 있으며, 성공을 추구하는 냉정하고 전투적인 성향의 사람으로 비치기도 한다. 그러나 그들이 그저 사람 좋다는 말만 들었다면, 그들은 그 자리에 오르지 못했을 것이다. 그들은 단점도 장점으로 승화시킨 사람들이다.

때로는 자기 생각을 주장하며, 그것을 관철시키기 위해 고집을 부리는 행동도 필요하다. 언제나 다른 사람의 의견에 무조건 동의하다가는 회사든 학교든, 혹은 가정이든 키 없는 돛단배가 되어 바다에서 좌초할 것이 뻔하기 때문이다.

세상에 완전한 사람, 완벽한 사회는 존재하지 않는다. 어디에나 문제와 갈등이 있다. 단점이 없는 존재는 없고 단점이 없으면 장점도 온전히 빛을 발할 수 없다는 것을 기억해야 한다. 지구 최고의 영웅부터 평범한 범부에 이르기까지 그 법칙을 피해 갈 수 없다. 우리는 이 사실을 존중하고, 단점에 대해서도 유연하고 개방적인 태도를 가지자. 그래야 승리할 수 있으니까.

11
인간에게 가장 큰 상처를 입히는 방법

인간을 가장 깊이 상처 입히는 것은 그의 재산이나 명예에 대한 박해다. 군주는 그러한 일에 특히 신경 써야 한다. 남의 재산을 모조리 빼앗는다 해도 복수에 쓰일 단도를 빼앗을 수는 없고, 명예를 짓밟는다 해도 집요한 복수심은 없애지 못하기 때문이다.

…… 군주들의 거만과 허세는 자유로운 민중의 미움을 자극한다. 군주가 오만과 과시를 범한다 해도 민중들이 큰 손해를 보지는 않지만, 민중들은 그러한 군주를 미워한다. 따라서 군주는 이것을 경계해야 한다. 아무 이익도 없이, 모든 이들에게 미움을 받으면 좋지 않다. _로마사 평론

　다사다난한 것 같은 우리의 삶도 사실 참 단순하게 흘러간다. 학교를 졸업하면 직장에서 돈을 벌고 어느 정도 나이가 되면 결혼을 하고 자식을 낳는다. 우리가 그렇게 비슷비슷한 일상을 살아가는 이유가 무엇일까? 결국은 먹고 살기 위해서이다. 그것 때문에 사람들은 치열하게 공부하고 목숨을 걸고 일한다. 그곳은 이미 아비규환의 상태이며 지옥이자 전쟁터나 다름없다.

　그런데 우리는 단순히 돈을 벌고자 그 전쟁터에서 목숨을 걸고 뛰고 있는 것일까? 그렇지 않다. 우리에게 돈보다 더 중요한 것, 바로 명예 때문이다. 직장에서 왜 우수한 사원에게 표창장을 주는 것일까? 명예심이 올라가기 때문이다. 직급은 어떤가? 연봉은 쥐꼬리만큼 올라가도 직급이 달라지면 그 사람의 마음가짐도 달라진다. 자신이 더 나은 사람이 되었다고 느낄 수 있기 때문이다. 그래서 칭찬 한 마디가 백 마디 질책보다 낫고, 칭찬 백 마디 보다 그럴듯한 감투 하나가 더 중요한 것이다. 그런 것은 돈 이상의 것을 가져다주기 때문이다.

　사람은 돈으로도 살지만 실제로 명예로도 살아간다. 돈 없이 살 수 없지만 명예가 없어도 살 수 없다는 말과 같다. 사람들에게 왜 그렇게 경쟁을 하면서 치열하게 사는지 묻고 그들의 대답을 들어보면 궁극적으로는 명예 때문이라는 결론을 얻을 수 있다. 왜 사람들이 고생 끝에 가난을 벗어나면 정치를 하려고 하고 자신의 돈을 들여서까지 장학 사업을 벌이겠는가? 이제는 명예가 필요해졌기 때문이다. 명예는 그에게 자부심을 심어 주며 사회적 힘을 길러 준다. 돈으로 살 수 없는 권위를 형성할 수 있게 되기 때문에 그것을 얻기 위해 노력하는 것이다. 그렇게 얻은 명예가 조금이라도 타격을 입으면 경제적 손실 그 이상을 가져온다.

잘난 척하는 사람을 좋아하는 사람은 없다. 특히나 우리나라는 주위 사람들과 경쟁하면서 남과 비교하는 것에 익숙하기 때문에 나보다 더 잘난 척 하는 사람을 고운 시선으로 보지 않는다. 우리나라의 성장력이 세계 최고라고 평가받는 이유도 남에게 지는 것을 두려워하는 마음에서 나오는 결과들이다.

과거 한반도의 역사를 보면, 우리는 수천 번의 외세 침입을 겪으며 사람들은 똘똘 뭉쳐서 그에 대응했다. 적에 대응하는 무리를 조직할 때에는 능력이 비슷해야 한다는 전제 조건이 존재했다. 그랬기 때문에 조직의 평균치보다 능력이 떨어지면 그 사람은 낙오가 됐고 그것은 그에게 죽음을 의미했다. 그렇게 목숨 걸고 평균치에 도달하려고 노력한 그 태생적인 핏줄이 지금도 한민족을 형성하고 있다. 그래서 우리는 지금도 스펙, 취업, 경쟁률 등에 목매며 끊임없이 서로를 비교하느라 바쁘다.

다른 사람들과 함께 산다는 것은 어려운 일이다. 나 혼자 잘났다고 되는 일이 아닌 것이다. 무조건 겸손하며 어디에서나 모나지 않게 살아갈 줄 알아야 한다. 쓸데없이 괜한 일로 사람들의 미움을 받을 필요는 없다. 겸손하면 돈 이상의 능력을 가질 수 있는 것이며 많은 어려움도 해결할 수 있는 무기를 지니고 있는 것과 다름없다. 겸손은 요령이라기보다는 인격으로서, 그런 태도를 갖기 위해 스스로 노력하는 사람들이 사회적인 성공도 얻기 쉽다. 돈 들지 않고 사람의 호감을 사는 것이 바로 겸손함이다. 겸손한 사람에게는 적이 없으며 교만과 허세를 부리지 않아야 뒷말이 없다.

사람들의 호감을 얻으며 살려면 내게 가장 소중한 것이 다른 사람들에게도 그렇다는 것은 인정하고 존중해야 한다. 그래야 나도 존중받을 수 있으며, 누구에게나 신뢰를 줄 수 있는 사람으로 살아갈 수 있다.

삶의 성공 법칙은 비교적 단순하다. 그것은 굳이 책을 읽거나 성공한 사람들을 찾아가 그들의 노하우를 얻어야 가능한 것이 아니라 그저 가슴으로 느낄 수 있는 것들이기도 하다. 유치원에서 배운 것만 실천하며 살아도 사회에서 욕먹지 않고 기본은 하면서 살 수 있다는 말이 괜히 있겠는가. 우리는 상대의 호감을 사기 위해서 가슴에서 하는 소리를 듣도록 노력해야 한다. 내 가슴의 목소리가 곧 다른 사람의 목소리이기도 하니까 말이다. 머리보다 가슴으로 대화하고 행동할 때, 호감은 형성된다.

능력보다는 호감이 중요하다. 아무리 좋은 일을 많이 했더라도 큰 실수 하나면 모든 것이 물거품처럼 사라지는 것이 현실이다. 그 점을 기억하고 겸손한 자세를 잃지 않도록 해야 한다.

Niccolò
Machiavelli

12
바닥에 있으면 무서울 것이 없다

　이미 타격을 입은 자에게 다시 새로운 상처를 입혀서는 안 된다. 그런 봉변을 당하면 그 사람은 복수하려는 열망에 불타올라 어떤 위험도, 심지어 자신의 목숨을 버리는 것도 마다하지 않게 된다. _로마사 평론

사람은 두 가지 종류로 나눌 수 있다. 잃을 것이 많은 사람과 잃을 것이 없는 사람이 그것이다. 잃을 것이 많은 사람은 당연히 그것을 잃지 않기 위해 노력한다. 가진 것을 잃는 것은 싫기 때문에 몸조심을 하며, 다른 사람에게 예의도 지키고, 자기가 하고 싶은 대로 행동하지 않는다. 상대방에 대한 예의와 배려 없이 자기 마음대로 해서는 안 된다는 것을 알고 있고, 그렇기 때문에 보통 사람보다 자제력이 뛰어나다.

잃을 것이 많은 사람은 가진 것이 많은 사람이라고도 할 수 있다. 그들은 누구보다 더 열심히 살았고, 더 매너 있게 행동했으며, 손해 보지 않기 위해서 노력하며, 오히려 상대방에게 피해를 주지 않기 위해 노력한다. 그들은 지켜야 할 것들이 많이 때문에 필연적으로 다른 사람들을 의식하고 배려할 수밖에 없다. 특히나 공인들은 사람들의 지지를 잃으면 생존 기반을 잃는 것과 다름없기 때문에 항상 몸조심, 말조심, 행동조심을 하는 편이다. 음주운전이나 폭행, 탈세나 루머 등의 사회적 사건에도 민감할 뿐만 아니라 사소한 말 한마디로 크나큰 이슈를 몰고 오기도 하는 것이 바로 그들이다.

그러나 아무 것도 잃은 것이 없는 사람들은 다르다. 그들은 사회를 향한 불만이 차고도 넘친다. 자신의 삶이 그들 마음대로 풀리지 않기 때문이다. 사회에 대한 불만은 물론이고 자신에 대한 불만도 멈추지 못한다. 그들은 잃을 것이 없기에 지켜야 할 체면도, 자존심도 없고 남의 이목 따위는 신경 쓰지도 않는다. 어느 누구도 자신에게 거는 기대치가 없기 때문에 자기 하고 싶은 대로 하는 것이다.

물론 그런 것을 자유로움이라고 한다면 그것은 모든 사람들이 가지고 있는 성향이다. 하지만 누구나 그렇게 하지 않는 것은 사회적인 잣대와 개인적 신념을 지켜야 하기 때문에 자신의 일차원적인 욕망은 억누르고 예의 바르게 행동하는 것이다. 쓰레기를 아무 데나 버리지 않는 것, 교통 질서를 지키는 것, 혹은 남의 물건에 손대지 않는 것 등은 모두가 다 자신의 욕구는 제거하고 사회적 기준과 시선을 의식하고 행동하는 것이다.

그러나 더 이상 잃을 것이 없다는 생각으로 사는 사람들은 전혀 다르다. 그들은 자기가 하고 싶은 대로 하려는 욕구가 다른 사람들보다 더 쉽게 표출된다. 참는 방어선이 너무 약하기 때문이다. 그렇기 때문에 잃을 것이 없는 사람들을 대할 때에는 최대한 예의를 갖추어 그들의 자존감이 다치지 않도록 주의해야 한다. 이미 모든 것을 잃었기 때문에 조금만 상처를 받으면 회복하기 힘든 경우가 생기기 때문이다. 그래서 크게 실패한 사람, 잃을 것이 없는 사람, 극심한 절망감에 있는 사람, 열등감이 많은 사람, 사회적으로 인정받지 못한 사람은 더 조심해서 배려하고 존중해야 한다.

실제로 대부분의 범죄는 경제적인 이유 때문에 일어난다. 그것은 그만큼 힘들 때는 감옥에 갈 위험까지 무릅쓰고 범죄를 저지른다는 이야기이다. '나는 지금 너무 가난하다, 잃을 것이 없다.'는 생각이 그를 움직이게 만든다. 물론, 이것은 올바른 생각이 아니다. 그런데 그러나 그런 어려움은 우리가 올바른 판단을 내리지 못하게 하고 결국에는 타인을 해치는 죄를 지으면서까지 자신을 파괴한다. 그러므로 극심한 어려움을 겪은 사람을 절대적으로 존중해야 한다. 그 누구도 아닌 자신을 위해서 그래야 하는 것이다.

평온한 삶을 살기 원한다면 사회적으로 힘든 사람을 존중해야 하고, 따뜻하게 대해야 한다. 정부에서도 이런 사람을 배려하고 보듬는 다양한 노력을 취해야 한다. 이것은 그 사람을 위하는 동시에, 선량한 시민의 안전을 위한 것이기 때문이다. 인생은 돌아보면 결국 내가 준 대로 다시 받는 것을 볼 수 있다. 크게 생각했을 때, 사회에 어려운 사람들이 생기는 이유는 내가 베풀지 않았기 때문이기도 하다. 작은 나눔이라도 큰 사랑의 값어치를 한다는 것을 믿는다면 누군가에게 내 마음을 베푸는 것이 그리 어려운 일이 아님을 알게 된다.

지극한 상실감을 겪어 본 사람이라면 생을 포기할 생각까지 한 적이 있었을 것이다. 삶이 절망적이고 희망이 전혀 보이지 않는다고 느껴지면 더 이상 살아야 할 용기를 내지 못한다. 무기력증은 심해지고, 삶은 점점 더 수렁으로 빠지며, 결국 죽는 것도 시간문제가 된다. 죽음까지 생각하고 있는 판에 범죄를 저질러 사형선고를 받는 것은 더 이상 두려운 일이 아니다. 오히려 복수를 해서 얻는 쾌감이 더 큰 자극을 불러온다.

잃을 것이 없는 상황에서는 어느 것도 두렵지 않다. 이제 막다른 길에 서 있는데 솔직하게 살아도 된다는 생각이 필연적으로 따르기 때문이다. 너무나 힘든 상황을 지나고 있는 사람은 상실감이나 절망감에 젖어 있고, 이것은 배짱이 강해지는 작용을 한다. 하고 싶은 대로 해도 된다는 생각을 품게 하기 때문이다. 그런 점을 알고 약자일수록 더 존중해야 한다. 그 누구보다 자신의 안위를 위해서 말이다. 잃을 것이 없는 사람보다 무서운 것은 없다.

함께 괴로워하고 함께 울고 웃는 곳에
모든 것을 함께할 수 있는 영원한 평화가 깃들어 있다.
_청담선사

13
세계 최고는
선택과 집중에 의해 탄생한다

로마는 지금까지 단 한 번도 격렬한 전쟁을 동시에 벌인 적이 없다. 새로운 전쟁이 시작되면 다른 전쟁은 끝이 났다. 혹은 그 반대로, 전쟁 하나가 끝나면 곧 새로운 전쟁이 발발했다. _로마사 평론

<u>성공학을</u> 탐구하면서 알게 된 진실 하나는 성공은 태생적으로 정말 탁월함을 가지고 있는 사람이 할 수 있다는 사실이다. 평범한 사람은 성공의 방법론을 아무리 배우고 익혀도 도저히 그들을 따라가지 못한다. 그들의 행동을 그대로 따라한다고 해도 성과는 판이하게 나타난다.

일본의 성공한 사업가 손정의를 보라. 그는 독서광으로도 유명한데 각종 장르를 망라하여 총 4,000권 정도의 책을 읽었다고 한다. 그러나 이미 그는 책을 많이 읽기 전에 특허를 통해 사업의 성공 기반을 확실히 잡은 상황이었다. 그러니까 그의 사업이 성공하는 데에 그의 독서는 긍정적 영향을 미쳤을 수도, 그렇지 않았을 수도 있다는 소리이다. 그는 굳이 독서를 통해 다른 사람들의 삶과 성공에 대해서 배우지 않았어도 이미 성공했을 것이라는 이야기다.

실제로 빌 게이츠나 스티브 잡스 같은 사람들이 다독多讀을 했을 것이라고 생각하는가? 그들은 쉴 시간도 없이 일했기 때문에 제대로 독서를 했을 것이라고 생각하기는 어렵다. 나 또한 3,000권 이상의 책을 읽었지만 지금도 새 책을 읽으면 완전히 새로운 세상을 만나는 것 같은 느낌이 드는데 그렇게 바쁜 사람들이 책 한 권 읽고 안 읽고의 여부로 성공 여부가 갈렸다고 말하기는 힘들다.

독서는 분명히 성공하는 데에 큰 도움을 주기는 하지만, 자질이 탁월한 사람들은 스스로의 생각만으로도 독서 이상의 가치를 가질 수 있으며 그들은 책을 읽지 않고도 인간과 사회를 누구보다도 잘 이해하며 성공의 길에 더욱 바짝 다가서게 되는 것이다.

이것은 우리 삶에서도 적용되는 이야기다. 삶과 경영이라는 현장 속에서도 경험으로 충분히 사색하고 통찰할 수 있으며 스스로의 생각에 깊이 들어가면 다른 사람의 마음을 이해할 수 있기 때문이다. 사람의 성향이나 생각이란 평균치에서 크게 벗어나지 않기 때문에 자기 안에 깊이 들어가면 다른 사람을 쉽게 이해할 수 있게 되고 이것은 인문학을 공부한 효과, 즉 '인간과 사회에 대한 공부를 통해 세상을 보는 관점의 형성'이라는 결과를 만들어 낼 수 있다.

기운 빠지는 이야기가 될 수도 있지만, 이 세상에는 태생적으로 정말 탁월함을 가지고 있는 사람들이 있다. 이런 사람은 누구보다 성공에 가깝다고 할 수 있다. 그들은 책 한 권을 보더라도 다른 사람들이 보지 못한 부분을 잡아내고 결국엔 책을 집필한 저자를 뛰어넘기도 한다. 그리고 그것을 자기만의 것으로 체화시킨 뒤 큰 성공을 이루는 것이다. 하지만 대부분의 보통 사람들은 책에 적힌 대로만 읽고 생각하며, 저자의 생각을 뛰어 넘는 것은 상상도 하지 못한다. 어떤 경우에는 저자가 말하는 것도 제대로 이해하지 못하는 사람들도 있는데 그 이상의 것을 기대하기는 힘들다. 성공이란 확실히 탁월함을 가지고 있는 사람들의 것이다.

그나마 위로가 되는 사실은 이렇게 탁월한 사람들은 거의 드물다는 사실이다. 무일푼에서 10조 원 가까운 돈을 번 손정의를 보자. 세상에 이런 사람이 과연 몇이나 되겠는가. 과학자만 해도 그렇지 않은가? 갈릴레오, 뉴턴, 아이슈타인은 거의 100년 단위로 나왔다. 말 그대로 100년에 한 번 나는 과학자인 것이다. 탁월한 사람들 몇몇을 빼면 대부분은 본인들의 노력으로 그 근처에 다다른 사람들이다.

태어나면서부터 탁월함을 가지고 있는 그들은 괴물이다. 우리 주변에 거의 없는 극소수의 무리들. 따라서 그들의 성공과 우리는 아무런 관계가 없다. 그들은 우리들의 경쟁과는 상관 없는 곳에 존재하는 사람들이다.

평범한 우리들이 할 수 있는 것은 결국 노력이다. 더욱 중요한 것은 노력의 집중에서 온다. 선택과 집중, 이것이야말로 로마를 강대국으로 만들었으며 비범자를 천재의 반열에 오르게 하며 1인자라는 명성을 가져다준다. 아무리 세계적인 기업들이라고 하더라도 모든 분야에서 성공을 거두는 것은 아니다. 올림픽에서 금메달을 따는 선수들도 마찬가지다. 그들은 한 종목을 선택하여 그것에 집중하여 좋은 결과를 내는 사람들이며 결국 그들의 탁월함은 선택과 집중의 결과가 만들어 주는 것이다.

우리 역사상 가장 넓은 영토를 차지했던 고구려를 생각해 보라. 그 당시에는 중국이 분쟁 중이었기 때문에 그렇게 넓은 땅을 차지할 수 있었던 것이다. 고구려가 아무리 군사력이 뛰어났다고 할지라도 수많은 중국 소국들을 상대해야 했다면 승산이 없었을지도 모른다.

그러나 분쟁 중이었던 상황을 잘 이용했기 때문에 좋은 결과를 얻을 수 있었던 것이다. 그러니까 광개토대왕도 선택과 집중이 받쳐 주지 않았다면 그런 영광은 누리기 힘들었을 수도 있다.

세계의 과학자로 불리는 에디슨도 다양한 분야에 호기심을 보였었고, 불굴의 투지로 여러 실험을 계속했던 과학자였지만 과학기술과 발명, 그리고 전기 분야에 집중했기 때문에 지금까지 세기에 회자되는 위대한 결과를 만들어 낼 수 있었던 것이다.

물론, 선택과 집중에는 위험성이 따른다. 한곳에 집중하고 모든 것을 쏟아부었는데 만약 실패하게 된다면 그는 모든 것을 잃게 되기 때문이다. 그렇게 때문에 선택과 집중도 신중을 기해야 한다. 가능성이 별로 없는 것에 선택과 집중을 한다면 그것은 실패를 몰고 올 뿐이다. 안되는 것은 선택과 집중을 해도 실패할 가능성만 높아진다. 내가 감당할 수 있는 힘보다 20퍼센트 정도 낮은 수준을 겨냥해서 확실하게 성취한다는 것을 목표로 정해야 한다. 도전은 모험이 아니다. 성공을 해야 도전도 빛을 발하는 것이지 실패는 장난에 불과하다.

우리 인생은 그리 길지 않다. 시간이 많지 않다. 짧은 인생을 살면서 실패만 맛볼 수는 없지 않은가. 성공을 위해서 도전하고 합리적으로 선택해서 추진하며 가능성이 큰 것에 선택과 집중을 하라. 그것이 좋은 결과를 가져다줄 것이다.

지금 자신에게 물어보라. "나는 무엇을 얻고자 하는가?"라는 질문에 답을 할 수 있어야 한다. 현실 가능성을 파악한 뒤 선택과 집중을 해야 한다. 그랬을 때 성공이 따라온다. 비범한 사람들도 당연히 그렇게 했고, 평범한 우리들은 당연히 더욱 그래야 한다. 이것이 인생의 진정한 정답이다.

14
동전의 양면처럼

어느 시대나 인간은 옛것을 찬미하고 현재의 것을 깎아 내린다.

…… 이런 사람들은 거의 항상 잘못된 생각에 빠지기 쉽다. 우선, 옛날 사건의 진상은 시간이 지나면 제대로 알려지지 않는다. 옛 사람들은 자기에게 불리하고 웃음거리가 될 만한 일은 전하지 않는다. 대신 자신들을 명예롭게 하는 일은 과장하고 부풀려서 전해 준다.

…… 사람들은 현재의 일에 대해서는 좋은 점이든 나쁜 점이든 매우 민감하게 받아들인다. 따지고 보면 사실 현재의 일이 옛일보다 더욱 영광스러운 것일 수도 있지만, 사람들은 그렇게 생각하지 않는다.

…… 만약 인간이 나이에 상관없이 언제나 똑같이 생각하고 같은 욕구를 갖는다면 아무런 문제가 없을 것이다. 하지만 청년기와 노년기의 욕망, 기호, 생각은 전혀 다르다. 나이가 들면 체력이 약해지고 조심성이 많아지는 까닭에, 청년 때 참을 수 있었던 일을 노년이 되면 견딜 수가 없는 것이다. 그러

면 노인은 자기 탓을 하는 대신에 시대를 불평한다. 자연은 인간이 무엇이든지 해내고 욕심내게 하지만, 운명은 그 욕심의 일부분만을 완성시켜 준다. 그 결과 사람은 이루지 못한 욕망과 현실에 대해 계속 불평을 쏟아 낸다. 따라서 사람은 현재를 싫어하고 옛날을 찬미하며, 미래에 희망을 건다. _로마사 평론

사람들은 살면서 불만을 많이 표현한다. 원하는 것은 많은데 인생은 마음 먹은 대로 풀리지 않으니 어찌 보면 당연한 것이기도 하다. 미담이 넘쳐 나던 과거에 비해 지금은 타의 모범을 삼을 만한 인물도 없고 아름답게 회자되는 사건도 너무 드물다. 그래서 사람들은 현재에 불만을 가지고 "옛날이 좋았지."라며 과거를 찬양한다. 그러나 모든 영웅은 그들이 죽었을 때 다시 태어난다는 사실을 떠올려 본다면 과거가 말해 주는 진실을 알아챌 수 있을 것이다.

현재란 무엇인가? 또, 과거란 무엇인가? 과거는 현재의 발자취이다. 즉 과거와 현재는 같은 것이다. 이 말은 현재의 모습과 과거의 모습이 다르지 않다는 말이기도 하다. 그런데 과거가 더 아름다워 보이는 이유는 무엇인가? 첫째, 우리가 현재를 살면서 지나온 과거의 추악한 면을 보지 않으려는 태도 때문일 수 있다. 우리는 과거의 좋은 점만 기억한다. 굳이 과거의 어려웠던 기억을 끄집어내서 지금까지 고통받을 이유가 없기 때문이다. 둘째, 역사 기록자들의 태도에서 찾을 수 있다. 그들도 사람이기 때문에 자신들도 겪어 보지 못한 시간에 벌어진 사건들을 기록할 때에는 왜곡과 과장이 있을 수밖에 없으며 현재의 관점에서는 오히려 과거의 허물을 덮고 아름다운 것을 부각하는 경우가 많기 때문이다.

게다가 추악한 진실은 당사자들만 알고 있는 경우가 많다. 생각해 보라. 서로 불상사가 생겨 법원까지 가는 경우가 얼마나 되고, 거기까지 갔더라도 그것이 기록으로 남는 경우는 얼마나 있는가? 사람들에게 부끄러워서 말도 안 한다. 형제 간의 소송을 누구에게 이야기하겠는가? 그런 이야기는 그대로 묻혀 버리고 만다.

그러나 현실은 다르다. 과거에도 있었지만 기록하고 기억하지 않았던 일들이 지금 바로 이 순간에도 여전히 우리 삶에서 벌어지고 있는 것이다. 이런 점을 명심한다면 우리는 더 이상 과거를 미화하려고 하지도 않을 것이고 현재를 탓하지도 않게 될 것이다. 결국 과거는 현재와 같고 지금의 문제는 옛날에도 다 존재했던 것들을 깨달으며 결국 삶을 살아가면서 문제를 극복해 나가는 것만이 유일한 대안이라는 결론을 도출할 수 있다.

모든 사람은 과거에 둔감하고 현재에 민감하게 반응한다. 많은 사람들이 제2차 세계대전 같은 큰 전쟁에 관한 기록을 보아도 눈 하나 꿈쩍하지 않는다. 재미로 영화를 보고, 다큐를 보고, 책을 본다. 그저 재미있을 뿐이다. 교훈을 얻었다고는 하지만 그렇게 심각하게 받아들이지도 않는다. 그리고 그 과거에서 오는 충격으로 인한 반감도 없다. 말로는 분노를 표현하지만 그것은 금세 지워지고 마는 낙서 같은 것들이다.

그러나 현실은 다르다. 아침 출근길에 나를 밀치고 새치기 한 사람 뒤통수만 봐도 욕이 나오고 친구가 빌려 간 얼마간의 돈 때문에 전전긍긍한다. 그렇게 현재는 모든 사람들에게 엄청난 중량감을 주며 다가온다. 그래서 모든 사항에 예민하게 작용하고, 정확하고 섬세하게 반응한다. 그래서 좋은 점보다는 나쁜 점이 뇌리에 강하게 남는다. 좋은 점은 그냥 웃고 넘어가지만, 나쁜 점은 분노를 일으킴으로써 온 몸에 각인되기 때문이다. 따라서 머릿속에는 현실에 대한 나쁜 점만 남게 되고, 그 결과 현재에 대한 불만이 커진다. 특히나 그것이 나의 이해관계와 연결된 일이라면 필사적이 된다. 왜냐하면 나도 내 생활을 해야 하고, 지켜야 할 가족이 있기 때문이다. 그런 상황이 되면, 나는 내 이익이 옳음을 주장하기도 하고, 때로는 눈 한번 질끈 감고 부정이라는 강물에 몸을 담그게 되는 것이다. 그러면서 회의에 빠지게 되고, 현재는 엉망이라는 결론을 내리게 된다. 원래 다 그랬던 것인데, 다만 자신의 가슴이 인식을 했느냐, 아니면 눈으로만 보았느냐의 차이만 존재할 뿐인데 말이다.

    사람은 참 재미있는 존재다. 모두가 지금이 가장 힘들다고 느낀다. 그렇게 과거의 향수에 빠지고 미래에 대한 희망을 품는다. 현재는 언제나 불만뿐이다. 물론 추억은 아름답고 희망은 건강한 것이며 불만은 삶의 역동적인 에너지를 내도록 돕기도 한다. 실제로 커다란 콤플렉스가 있는 사람들이 크나큰 노력을 해서 극복해 내기도 하니 말이다. 그들이 기를 쓰고 그 콤플렉스를 극복하려고 할 때 초인적인 능력을 발휘하며, 실제로 성공은 이런 사람들이 차지한다. 평생에 걸쳐 노력하기를 멈추지 않았기 때문이다.

    그러나 무난한 사람들, 삶에 불만이 없는 사람들은 작은 것에도 만족하고, 그 결과 자신의 능력을 모두 보이지 못하는 경우가 많다.

사람은 배고파야 죽을 듯이 일하지, 배부른 환경에 되면 이내 그 환경 속에 젖어 버리기 때문에 발전이 아닌 도태와 퇴보를 반복하는 것이다. 그래서 어떤 면에서는 불만이 나쁘다고만 할 수는 없다.

그러나 그 점은 분명히 알아야 한다. 대부분의 사람들이 과거의 향수에 빠지지만, 과거도 지금만큼 힘들었다는 것이다. 지금 취업이 어렵고, 돈벌이가 힘들어 죽겠다고 하지만, 10대 때는 입시를 치르느라 또 얼마나 힘들었는가? 내신 공부도 피 말리는 것이었다. 문제 한두개만 틀려도 등수가 엄청나게 내려가 버리니까 말이다. 매 시험마다 느꼈던 긴장감은 말로 표현하기 힘들 정도였다. 그때 우리는 아침 7시까지 등교하고, 최소한 밤 10~11시까지 일주일 내내 공부했다. 방학이라고 달랐는가. 대부분의 학생들이 아침 7시부터 밤 10시까지 학원이나 도서관에서 살다시피 했다. 그때도 엄청나게 힘들었다. 그러나 어른이 된 지금 대부분의 사람들은 교복을 입고 학교에 다니던 그때가 좋았다고 말한다.

그들이 그렇게 이야기할 수 있는 까닭은 지금 그 시절을 피부로 겪고 있지 않기 때문이다. 그때로 다시 되돌아가 보라. 다시 어른이 되고 싶다고 말할 것이다. 지금 우리도 빨리 기반을 잡고 싶다고 말하지만, 그만큼 나이가 들면 또 다시 청춘의 향수에 빠질 것이다. 이것은 변하지 않는 진리이다.

그저 우리는 지금 이 순간을 그냥 자연스럽게 받아들이면 된다. 삶은 늘 힘들다는 것을 인정하면 된다는 말이다. 지나고 나면 이것도 다 추억이 되고, 아름답게 떠오르게 된다. 지금은 죽을 것 같지만 말이다.

그저 미래의 희망을 품고 전진하면서 오늘의 불만을 긍정적으로 활용하면 된다. 투지를 발휘하는 쪽으로 활용하는 것이다.

분명한 진실은 과거에도 만만찮았고, 지금도, 앞으로도 그럴 것이라는 점이다. 그러나 그래도 살 만하고, 잘 살아왔으며, 잘 해냈다는 점 또한 기억할 필요가 있다. 또 힘들지만, 그 속에서 느낀 즐거움은 무엇과도 바꿀 수 없다는 점을 기억할 필요가 있다.

하지만 환상은 버릴 필요가 있다. 지금 문제가 있듯 과거에도, 앞으로도 우리 삶에 문제는 있을 것이기 때문이다. 그렇게 버리고 나면 우리 마음은 오히려 편안해진다. 세상은 변화될 것이라는 환상은 버리고 그 속에서 충분히 좋은 결과를 낼 수 있는 선한 영향력을 행사할 수 있음을 믿고 전진하는 것이다. 그렇게 오늘을 긍정하고 살아가면 된다. 오늘에 최선을 다하면서 지금 이 순간 희열을 느끼는 것, 그것이 중요하다. 모든 것에는 양면성이 있다. 힘듦이 있으면 좋은 점도 있다. 결국 인생은 살 만한 것이다.

인생에 살 만한 가치가 있다고 믿으면 가치 있는 삶을 살게 된다.
_윌리엄 제임스

Niccolò
Machiavelli

15

우리 삶과 함께
걷는 세계

　무엇이 원인인지는 알 수가 없다. 그러나 고금의 전례에 비추어 보면, 어떤 곳에서 큰 사건이 터지기 전에 반드시 신, 하늘, 기적, 그 밖의 신탁이 미래의 일을 예언해 주었다.

　…… 언제나 이런 사건 뒤에는 나라에 심상치 않은 새로운 일들이 나타나게 된다. 이러한 일들을 거짓이라 단정할 수는 없다. _로마사 평론

나는 많은 책을 읽고, 여러 권의 책을 쓰면서 참으로 부푼 가슴을 감출 수 없었다. 내가 세상 모든 것을 알고 있으며, 세상을 바꿀 수 있을 것이라고 믿었다. 하지만 그것은 참으로 어리석은 생각이라는 것을 깨닫는 데에는 오랜 시간이 걸리지 않았다. 내가 할 수 있는 것은 아무 것도 없었다. 쓰러져 가는 사람 하나 구제해 줄 힘도 없었을 뿐더러 나의 미래조차 장담할 수 없었다. 나는 그저 인간이 만들어 놓은 것들을 바라보았고 모자란 것들이 너무나 많다는 점을 알 수 있었다. 갑자기 모든 것이 우스워졌다. 물론 그런 내 모습을 바라보는 것은 더욱 우스꽝스러웠다.

그런 경험을 통해 경쟁에서 승리하는 것은 결국 남들보다 1밀리미터 더 앞서 가는 사람이 누릴 수 있는 것임을 깨달았다. 동시대의 사람들보다 아주 조금, 정말 아주 조금만 앞서면 모든 것을 가질 수 있다는 것을 알았다는 말이다. 그것은 소위 완벽함이라고 불리는 것들도 아니었고, 우리가 거창하게 꿈꾸는 것들도 아니었으며, 우리의 욕망을 궁극적으로 충족시켜 주는 것도 아니다. 단지 동시대의 제품 중에서 가장 탁월한 것이 그 자리를 차지할 수 있다. 그것이 모든 게임을 끝내게 하는 숨겨진 한 수다. 거기에서 번영이 시작된다.

나는 우주의 존재를 느끼면서 인간의 무능력함을 뼈저리게 절감

한다. 우리 은하에도 수천 억 개의 별이 있는데 그런 은하가 한두 개가 아니라고 한다. 이것을 생각한다면 우리 인간은 얼마나 하찮은 존재에 불과한 것인지. 이렇게 넓은 우주의 수많은 별들 중 하나인 지구에서 우리는 매일매일 종종거리며 살아간다. 다른 행성에 갈 수 있는 기술도 없고 방법도 없다. 우리는 여기 지구에 처박혀서 아웅다웅 살아가느라 우주에 대해서 생각할 여유는 전혀 없다. 그저 지금 코앞에 놓인 밥 한 그릇 해결하느라 죽을 지경이다. 그런데도 우주는 너무나도 잘 돌아간다.

그런데 이 넓은 우주에 우리가 갈 수 있는 곳이 하나도 없다니! 우주를 알기는커녕 우리는 지구조차도 제대로 파악하지 못하고 있다. 수천 미터 깊은 바다를 아는가? 정글 속을 활보하는 곤충과 그들의 생태계를 보듬어 주는 식물들은 아는가? 그렇지 않다. 우리는 당장의 밥벌이에만 급급해서 새로운 지식을 탐구하고 진정한 지식의 세계를 확장하려는 노력을 하지 않는다. 지구는 고사하고 어쩌면 우리는 우리 몸 하나도 완전히 파악하지 못했을지도 모른다.

우리는 지구도 모르고 우주도 모른다. 우주인이 있는지 UFO가 진짜로 존재하는지 토론이 끊이지 않는 것을 보면 결국 우리의 지식이라는 것이 얼마나 부족한 것인지를 깨닫게 된다. 우리는 실제로 수명조차 마음대로 할 수 없을뿐더러 암세포 하나에도 처절하게 무너진다. 세계 기아 문제도 해결하지 못하면서 같은 민족끼리 총부리를 겨누며 생명을 앗아 가고 있다.

우리는 자만심을 버려야 한다. 인간만이 위대하며 우리가 모든 것을 할 수 있다는 그 생각을 버려야 한다. 우리가 가져야 할 것은 겸손함이다. 그것은 우리가 아무 것도 모른다는 것을 인정했을 때 가질 수 있는 것이며 그것이야말로 학문을 통해 얻을 수 있는 진정한 힘이다.

사실 우리의 지식이라는 것은 진실이라는 수박의 겉핥기에 불과한 것들일지도 모른다. 지식이라고는 하지만 우리 실제 생활과는 동떨어진 것들이 얼마나 많은가. 이런 상황에서 지식이라는 껍데기 하나만 믿고 이성의 힘을 운운하며 인간의 위대함에 대해 떠드는 것이 얼마나 우습고 무서운 것인가. 진짜로 어리석은 자가 어리석지 않다고 믿으니 이것은 정말 구제불능이 따로 없다. 우리는 그저 과학의 한계, 이성의 한계, 학문의 한계를 깨닫고 겸허해져야 한다.

눈에 보이지 않는 세계는 존재한다. 그저 인간이 모르고 있을 뿐이다. 학문 그 이상의 힘이 현실 안에 존재한다. 삶이란 정말 불가사의한 것이다. 운명이라는 것도 존재하지만 그것을 극복하지 못하면 우리의 삶은 통제할 수 없는 지경에 이를 것이다. 삶이란 논리로 설명되는 세계가 아니다. 비논리가 가득한 세계에 논리라는 포장지로 아름답게 덮어 버리는 것인지도 모른다. 사람이 세상에 태어났다가 다시 죽는 것, 그것은 거스를 수 없는 운명이며 한 사람의 인생, 혹은 세계에서 벌어지는 가장 큰 일인데 이것조차도 부조리함의 극치가 아닌가.

삶과 죽음의 문제를 생각해 보라. 어느 부모에게서 태어났느냐에 따라 사람의 인생이 바뀌기도 한다. 죽음은 어떤가. 누구나 죽음을 두려워하면서도 그것을 자신이 선택할 수는 없지 않은가. 이렇게 중요한 문제들을 우리의 힘으로 조절하고 해결할 수 있는가? 하다못해 대입이나 취업, 혹은 결혼이나 사업 등도 인간이 아무리 계산하고 행동한다 하여도 그대로 되지 않는 경우가 부지기수이다.

이 세상은 불가사의한 일이 너무나 많이 일어난다. 그렇기 때문에 우리는 하루하루 감사한 마음으로 삶을 살아가야 하며 어떠한 일이 닥치더라도 당황하지 않고 현명하게 대처할 수 있어야 한다. 항상 선량한 마음으로 삶에 최선을 다해 살아가면 된다. 이것이 우리가 삶에 대해 가져야 할 태도이다.

부조리함으로 가득한 이 삶 속에서 어떻게 살아가야 하는지에 대해서 알게 된다면 오히려 그 부조리함으로 인한 억울함을 극복할 수 있는 투지가 생기고 그것만이 내가 선택할 수 있는 유일한 무기라는 것을 알게 된다. 좋은 일이 있으면 좋은 기분으로, 나쁜 일이 있으면 그것을 이겨 내는 노력으로 살아가라. 그렇게 우리 눈에 보이지 않는 힘과 동행하는 법을 배워야 한다.

담대하라.
그리하면 어떤 큰 힘이 당신을 도와주기 시작할 것이다.
_베이실 킹

Niccolò
Machiavelli

16
인생은 운동장에서 펼쳐지지 않는다

수많은 전투에서 승리를 거두었더라도 한 번 지면 그 모든 공로가 사라진다. 우리의 안토니오 지아코미니도 그러했다. 그는 피사를 정벌하겠다고 장담했고 민중은 크게 기대했지만 전쟁은 실패로 끝나고 말았다. 지아코미니는 지금까지 헤아릴 수 없을 만큼 많은 공을 세웠지만, 그의 변명은 아무도 들어주지 않았다. 결국 그는 권력자들의 연민에 매달려 살아가는 처지가 되었다.

_로마사 평론

 아무리 착실하게 살아왔다고 하더라도 결정적인 순간에 치명적인 실수를 해 버리면 완전히 재기가 불가능한 실패를 경험하게 된다. 열 번 잘해도 한 번 잘못한 것 때문에 그동안의 모든 꿈과 노력이 물거품으로 돌아가는 것이다.

 우리는 주변에서 그런 이야기들을 얼마나 많이 보고 들었는지 모른다. 고등학교 다니면서 착실히 공부해 내신 성적을 잘 받았어도 컨디션 난조로 인해 수능 시험을 잘 치르지 못하면 그 한 번의 실패로 인해 원하던 대학에 가지 못하는 경우도 생긴다. 직업 한번 잘못 가지면, 사람 한번 잘못 만나면, 투자 한번 잘못하면 실패한다는 소리가 남의 이야기가 아닐 수도 있다. 그러니까 꼭 알맞은 순간에 결정적인 기회를 잘 살리는 것이 정말로 중요하다. 한 번의 선택으로 인해 그동안 남들보다 뒤처졌던 것을 극복할 수도 있고 사실상 완전한 실패를 맛볼 수도 있기 때문이다.

 월급쟁이도 마찬가지다. 아무리 열심히 꼬박꼬박 저축을 했다고 해도 사기를 당하거나 보증 섰던 것이 잘못 되는 일이 벌어지면 인생은 나락으로 떨어지기도 한다. 얼마 전 고위 공무원으로 근무하다 정년퇴직한 분이 자살을 해서 신문에 실리기도 한 적이 있는데 그 이유는 보증 때문이었다. 한 번의 실수 때문에 위기가 시작되고 그런 끔찍한 결과를 불러온 것이다.

운동경기는 어떤가. 야구의 경우 만루 찬스에서 득점하지 못하면 그동안 힘들게 쌓았던 안타, 볼넷, 번트 등이 모두 무위로 돌아가는 것이다. 찬스를 잃었다는 것은 위기가 시작됐다는 소리이다. 정규 리그 1위 팀도 한국 시리즈에서 패배하면 그동안의 노력으로 쌓은 빛은 금세 바래 버린다. 꾸준한 노력에 더불어 결정적인 한 방이 우리의 인생을 결정하기도 하는 것이다.

세상을 둘러보면 성공은 너무나 어렵고 실패는 매우 쉽다는 것을 알게 된다. 아무리 성실히 일해서 돈을 모아도 한계가 있다. 월급쟁이는 물론이고 사업을 하는 사람들도 그렇다. 지금 잘되고 있는 사업이 앞으로 10년, 20년 계속 잘될 것이라는 보장이 없지 않은가. 그러니 잘 나갈 때 모아 놓은 것들은 잘 간수하고 치명적인 실수는 하지 않도록 평소에 대비해야 한다. 용수철은 늘어났다 줄어들기를 반복할 만큼 회복력이 있지만 그것도 너무 많이 잡아당겨서 늘어날 대로 늘어나면 처음의 탄성을 찾기 힘들다. 인생도 마찬가지다. 회복할 수 있을 만큼 쓰러져야 일어날 힘도 찾을 수 있는 것이지 그렇지 않은 경우에는 일어날 수가 없다.

돈에 관련된 문제들만이 우리를 멍들게 하는 것이 아니다. 말 한마디, 행동 하나하나가 그동안 노력하며 쌓아온 수십 년 간의 모든 것을 한 번에 무너뜨리기도 한다. 수십 년의 시간과 노력이 그렇게 쉽게도 무너질 수도 있다는 것을 안다면 우리는 말 한마디를 건네고 작은 행동 하나를 하는 것에도 좀 더 신중해질 것이다.

사람은 지금 자신이 위기에 있는지 아닌지도 잘 모를 수 있다. 그것은 태풍의 눈처럼 안에서는 느끼기 힘들지만 밖에서는 뚜렷이 보이는 특성이 있기 때문이다. 그럴 때에는 다른 사람들과 충분히 대화를 하면서 외부의 시각으로 자신을 보려고 노력해야 한다. 그래서 자신을 객관적으로 파악해야 한다. 그렇게 자신을 주시하다가 위기가 왔다고 느낀다면 상당히 신중하게 대처해야 한다.

반대로, 기회가 왔다면 무슨 수를 써서라도 그것을 잡아야 한다. 기회를 놓치면 반드시 위기가 닥치기 때문이다. 기회는 자주 오는 것이 아니다. 그것을 놓치면 기회는 나의 경쟁자를 찾아간다. 그런 일들이 나와 경쟁자의 격차를 현저하게 벌어지게 만드는 것이다.

기회는 무조건 잡고, 함부로 행동하지 말고, 신중에 신중을 기해서 확실하게 성과를 내라. 그렇게 실패를 최소화해 나가면 누구보다 빨리 성공의 길목에 다다를 것이다. 실패는 성공의 어머니라고 하지만 그것은 말 그대로 성공을 위한 과정이지 실패만 반복한다면 그것은 그저 실패에 머물고 말 것이다. 야구에서는 3할 타자도 위대하게 평가되지만 우리 인생에서는 그 반대이다.

우리는 우리 삶을 매일 성실하게 꾸려 나가야 하며, 결정적 한 방으로 인생의 모든 것이 달라질 수 있다는 것을 명심해야 한다. 큰 찬스, 큰 실수, 그것은 인생의 획기적으로 혹은 파멸적으로 변화시킨다. 그 점을 명심해야 한다. 그렇기 때문에 큰 순간에는 더욱 더 눈을 부릅떠야 한다. 결정적인 찬스만 잘 잡고, 결정적인 위기만 피해 가면 삶을 평탄함 그 이상으로 살 수 있다. 그러나 성실하게 살아서 모범적인 길을 걸어오더라도 기회도 잡지 못하고, 위기까지 겪으면 파산의 위험이 커질 수 있다. 100퍼센트 완벽한 삶은 없다는 것을 항상 명심해야 한다.

사람들은 기회가 찾아와 앞문을 두드릴 때
뒤뜰에 나가 네 잎 클로버를 찾느라 아무 소리도 듣지 못한다.
_월터 크라이슬러

17

지나온 시간이 답이다

현명한 사람들은 어떤 경우에도, 심지어 어쩔 수 없이 행하는 경우라 할지라도 모든 상황을 유리하게 이용하는 요령을 터득하고 있다. _로마사 평론

사람은 남과 비교했을 때 저마다 불리한 조건을 한두 가지씩은 가지고 있다. 아무리 잘난 맛에 사는 사람이라고 할지라도 남과 나를 비교해 보면 내가 갖지 못한 것을 발견하게 되기 때문이다.

자기가 영어는 못해도 다른 장점이 있으니 괜찮다고 생각했더라도 주위에 토익 만점자들이 수두룩하다는 것을 알게 되면 영어 콤플렉스가 생기면서 주눅이 들어 버린다. 어려운 고비를 뚫고 대기업에 입사해서 이제는 세상을 다 이겼다고 생각한 것도 잠시, 해외 대학 졸업장을 가지고 있는 동료들을 보면 괜한 자격지심에 시달리기도 한다.

그러나 모든 경쟁은 결국 공평하다. 내게 부족한 한 가지를 가지고 있는 다른 누군가와 비교하면 부족한 점 한두 가지쯤은 발견하게 된다. 하지만 모든 것을 다 가지고 있고, 모든 것을 다 잘 하는 사람은 없다. 학점이 좋은 것 같으면 특별한 경험이 없을 수도 있고, 외모가 훌륭한데 말하는 것에 깊이가 결여된 경우가 있을 수도 있으며, 영어는 잘하는 것 같은데 학점 관리가 안 되어 있을 수도 있다. 결국 우리는 동일한 조건에서 동일한 능력으로 싸우고 있는 것이다.

그러나 이런 조건 속에서 승리를 하는 사람이 있는가 하면 실패를 하는 사람도 있다. 그렇다면 그 차이는 어디에서 오는 것일까? 그것은 자신을 잘 알고 있느냐 아니냐에 따라서 결정된다. 자신의 강점과 약점을 정확히 파악하는 사람은 자신의 강점을 상대에게 어필할 수 있는 능력을 가지고 있으며 단점도 강점으로 커버할 수 있는 방법을 강구하며 끊임없이 노력한다. 결국 그런 사람은 자신이 가진 재료 중에서 좋지 않은 것은 다듬거나 가공하고 가장 좋은 재료를 이용해 메인 요리를 만든다.

공부를 잘하지 못했어도 다른 사람들을 재미있게 할 줄 아는 재주로 최고의 개그맨이 될 수 있고, 밑천 하나 없어도 말을 잘 하는 재주 하나로 상대를 설득해 큰돈을 벌 수도 있다. 그런 사람들은 어느 정도의 지식만 채워진다면 지식 엔터테이너로서의 역량을 충분히 발휘하며 살아간다. 결국 모든 것은 자기 하기 나름이다.

현명한 사람은 자기에게 주어진 모든 상황을 유리하게 활용할 줄 안다. 주어진 상황을 직시하고, 바로 지금 할 수 있는 것에서 출발하며, 거기에서 완전한 승부를 이루어 낸다. 그러나 우둔한 사람은 여전히 환경을 탓하며 현실을 비관하고 스스로를 자책하며 이런저런 핑계를 대면서 승부를 피한다. 보나마나 패배할 것이 뻔할 것이라는 사실을 자신도 너무나 잘 알고 있기 때문이다. 그가 모르는 것은 단 하나다. 우리는 모두 같은 조건을 가지고 있다는 사실 말이다. 얼마든지 승산이 있는 승부라는 것을 본인만 알지 못하는 것이다. 승부란 공평한 것이기에, 자기가 가진 무기를 절묘하게 조합해 내면 핵폭탄급 이상의 파급력을 낼 수 있다.

우리는 현명한 사람이 되어야 한다. 절대 상황 핑계를 대서는 안 된다. 지금 주어진 여건 속에서 반드시 해내야 한다. 변명하고 핑계

대며 포장하고 있을 시간이 없다. 인생은 시간 싸움이다. 자기에게 지금 주어진 것을 아주 현명하게 활용하고 조합할 수 있어야 한다. 그래서 취업을 하든, 직장 생활을 하든, 사업을 하든 간에 자신의 장점을 확실하게 부각시키고 사람들로부터 인정을 받도록 해야 한다. 나는 능력 있는 사람이라고 강하게 주장해야 하며 전략적인 노력을 기울여 결실을 맺어야 한다.

여기서 전략적인 노력이란, 내가 잘할 수 있는 일을 해서 확실한 결과를 내는 것을 말한다. 단순히 타이틀에 의존한 것이 아니라, 확실한 실무능력으로 보여 주는 것이다. 그것이 전략이다.

인생의 정답을 찾는가? 그것은 당신 인생 속에 들어 있다. 자신이 살아온 과정 속에 모두 담겨 있다. 지금 당장 고등학교 생활기록부를 찾아서 당신이 어떤 클럽에 있었고, 담임선생님들로부터 어떤 평가를 받았고, 어떤 직업에 적성이 있다고 적혀 있는지를 살펴보라. 과거의 삶이 오늘의 내 모습이다. 그 안에 지금을 살고 있는 내 모든 모습이 담겨 있다고 해도 과언이 아니다.

운동선수는 어릴 때부터 운동을 좋아했고, 공부를 잘하는 사람은 어릴 때부터 성적이 좋았다. 사람들과 대인 관계가 좋은 사람은 어떤 부분이든 그런 평가가 적혀 있다. 또한 자신이 어떤 클럽 활동을 했는지도 살펴보면 무척 흥미로운 점을 발견할 수 있을 것이다. 이런 힌트가 과거의 내 삶 속에 들어 있기 때문에 생활기록부는 굉장히 유용한 자료로 사용될 수 있다. 자기를 정확히 알면, 자신의 강점을 분명하게 알게 되고, 현재 사용할 수 있는 강점의 조합이 탄생할 수 있다.

결국 우리는 다른 사람을 부러워할 필요가 없다. 그 사람은 그 사람 방식으로 승부하는 것이고, 나는 내 방식으로 승부하는 것이다. 가장 중요한 것은 지금의 여건을 절대적으로 존중해야 한다는 것이다. 그러니까 지금의 토대 위에서 모든 것을 끝내야 한다. 나중에 뭘 어떻게 하겠다는 건 다 거짓말이다. 말도 안 된다. 나중은 없다. 스펙 키워서 승부한다고 생각하는가? 그때는 또 다른 위험이 닥친다. 모든 가정에는 실패 위험이 도사리고 있고 지금이 아니면 그 어느 것도 장담하거나 단정 지을 수 없다.

우리의 인생에서 장담된 것, 보장된 것은 없다. 그래서 지금 있는 자리에서 해결해야 한다. 그렇게 하지 못하면 앞으로도 힘들다. 그 점을 분명히 각인해야 한다. 그래서 성공하는 사람은 지금 있는 자리에서 해내는 것이다. 지금 있는 자리에서 모든 상황을 유리하게 이용해 결국 승부를 짓는 것이다. 우리도 그래야 한다. 성공은 바로 나의 강점을 정확히 알고, 이것을 이를 잘 조합하고 나를 잘 드러내며 뛰어난 실무 능력으로 증명하는 것으로 시작되고 완성된다는 것을 명심하라.

삶은 오늘 당신의 안에 있고, 내일도 당신이 만들어 낼 수 있다.
_L. 론 허바드

Niccolò
Machiavelli

18
숨겨진 가치를
찾는 일

　인간에게 소중한 것은 명예가 아니라 재산이다. 실제로 로마 귀족들은 큰 논쟁 없이 명예의 일부분을 민중에게 양보했지만 재산이 걸린 문제에서는 태도가 전혀 달랐다. 그들은 재산을 꽉 움켜쥐고 절대 놓으려 하지 않았다.
　민중들은 재물욕을 채우기 위해 비상수단에 호소해야 했고, 로마의 호민관으로서 평민의 재산과 지위를 보전하는 데 앞장섰던 그라쿠스 형제가 평민과 귀족 사이의 재산 분쟁에 불씨를 던졌다. 그 의도는 마땅히 인정받아야 하지만 그들의 태도는 신중하지 못했다. 국정에 악영향을 미친 횡포를 다스리고자 새로운 법률을 만들고 소급력까지 인정한 것은 어리석은 방책이었다. 그 결과, 더욱 심한 폐해가 나타나 소란은 더욱 심해졌다. 이런 상황에서는 '시간'이라는 좋은 약을 쓰면 병의 진행이 느려지고, 어느 순간에는 병이 저절로 낫기 마련임을 이해해야 한다. _로마사 평론

벌써 10년도 넘었다. 전 국민을 충격의 도가니 속으로 몰고 간 '페스카마 15호 선상반란 사건' 말이다. 태평양에 참치 조업을 나갔던 페스카마 15호에서 일하던 중국 동포 선원들이 한국인 선장과 갑판장, 선원들을 선상에서 무참히 살해한 이 사건은, 그 배의 항해사가 기지를 발휘해 중국 선원들이 배를 훔쳐서 팔기 직전에 우리 경찰이 급습하여 범인들을 체포하는 것으로 막을 내렸다. 이들은 왜 한국인 선원들을 죽이는 끔찍한 범죄를 저지른 것일까? 모든 사건에는 이유가 있듯이 이 사건도 마찬가지다.

증언에 따르면 중국인 선원들은 인간 이하의 대우를 받으며 생활했고 한국인 선장과 갑판장으로부터 엄청난 구타를 당했다. 하지만 그들이 살인을 저지른 이유는 폭행 때문이 아니었다. 당신들은 그동안 제대로 일하지 않았으니 다음 배에 승선하지 못하도록 조치를 취하거나 엄청난 벌금을 물리게 할 것이라는 선장의 말실수가 결정적이었다. 실제로 그럴 의향이 있었는지 아니면 그저 겁을 주기 위해서 그런 것인지는 알 수 없지만 어쨌든 그 말 한마디에 중국인 선원들은 극도의 공황 상태에 휩싸였다. 한국으로 오기 위해서 어마어마한 비용을 지불했고, 엄청난 폭행을 감수하면서 죽을 고생을 하고 있는데 돈을 벌기는커녕 벌금까지 내면서 중국으로 추방되어 버린다면 이제는 재기할 수 없을 정도로 무너지는 상태가 되어 버리는 것이었다. 우리로 치면 평범한 샐러리맨이 20~30억 원의 부채를 지니게 되는 것과 같은 이치이다. 이런 위험에 처할 상황이 되자 그들은 제정신이 아니었다. 술을 먹었고, 그래도 고민이 해결되지 않자 이렇게 될 바에야 다 죽여 버리자는 결의를 하고 그런 끔찍한 범죄를 저지르고 말았다.

그들이 참을 수 없었던 것은 폭언과 폭행, 배고픔과 추위가 아니라 평생 가질 것 없이 재기불능의 상태로 살아야 한다는 무시무시한 협박이었다. 가족도 지키지 못하고 일 한 돈도 받지 못한다는 것, 그것은 어떤 물리적 폭력보다도 더 끔찍한 것이었고 그들이 정신을 잃게 만들었다.

인간에게 있어서 돈이란 과연 무엇인가? 우리는 모든 생활을 돈으로 해결한다. 그러니 돈이 없으면 단 하루도 살기가 힘들어진다. 대부분 노력의 대가는 돈으로 이루어지는 이런 상황에서는 돈보다 중요한 것은 없어 보인다. 명예도, 사랑도, 자존심도, 그 어떤 것도 돈을 대신할 수 있는 것은 없다고 여겨진다. 돈은 칼을 대지 않고도 사람을 죽일 수 있다는 말이 어쩐지 더 피부에 와 닿는다.

학창시절에는 학교 성적이 좋으면 그만이었다. 혹은 싸움을 잘하거나 얼굴이 예쁘고 잘생기면 그것이 전부로 여겨졌다. 하지만 사회에 나와 보라. 돈이 절대적이다. 지금 이 사회는 모든 것이 돈으로 시작해 돈으로 마무리된다. 아무리 훌륭하고 아름다운 가치도 돈 앞에서는 맥을 추리지 못한다.

그런데 사람들은 지금의 사회가 너무 돈 중심으로 굴러간다며 한

탄의 목소리를 낸다. 그들은 과거에는 그렇지 않았다고 말하지만 그렇지 않다. 옛날에도 돈은 중요했다. 다만 옛날에는 신분이라는 굴레가 돈의 힘을 어느 정도 가려 줬기 때문에 가능했던 일이다.

아무리 거창하고 위대한 일도 돈이 생기지 않으면 외면받는다. 당장 돈이 되지 않는 일에 3년만 매달리면 친구들, 선후배들은 물론 가족 모두가 등을 돌린다. 그 누구도 숨겨진 가치를 찾아봐 주려는 노력을 하지 않는다. 그러니 범죄 빼놓고는 돈을 많이 벌기만 한다면 모두가 인정해 주는 분위기가 형성되는 것이다. 물론 인간관계를 유지하기 위해 차 한잔 마시는 데에도 돈이 필요하고, 부모님께 효도를 할 때에도 돈이 필요하다. 과거나 지금이나 명예보다는 확실히 돈이 더 대접을 받고 인정받는다. 그 무엇보다 가장 무서운 것은 돈이다. 폭력보다 무서운 것이 돈이고, 명예보다 중요한 것이 돈이기 때문이다.

그러나 우리는 돈보다 중요한 것이 있다는 것을 인정하고, 그런 생각을 지지해 줘야 한다. 돈보다 중요한 것, 그것들만이 우리를 성장하게 하고 진실되게 하며 이 사회를 진정으로 부유하게 만드는 것이기 때문이다.

19
누구의 후회가
값진가

타인에게 당한 상처가 아니라 자기 손으로 깊이 생각한 끝에 감수하기로 마음먹은 상처라면, 그 상처를 입는 사람은 거의 고통을 느끼지 못한다.

_로마사 평론

　지금까지 살아오면서 나는 후회할 일은 하지 않는 것이 낫다고 생각했었다. 그러나 조금씩 나이가 들다 보니 이제는 진짜 해 보고 싶은 일이라면 비록 실패할 가능성이 크더라도 하지 않고 후회하느니 이왕 해 보고 후회를 하는 것이 낫다는 생각이 든다. 그러니까 이제는 마음에 끌리면 일단 하고 본다. 그리고 그것에 인생을 걸 가치가 있다는 생각까지 든다면 정말 목숨 걸고 그 일에 내 모든 것을 투자하는 것이다. 꿈과 노력, 열정과 젊음까지도.

　물론 성공할 수도 있고 실패할 수도 있다. 그리고 대부분은 실패할 것이다. 왜냐하면 세상의 일이란 대부분 실패하게 마련이기 때문이다. 그러면 곧바로 '나는 꿈을 찾아서 도전했다. 그러나 지금 내게는 돈도 없고, 친구도 없으며, 내게 남아 있는 것은 실패뿐이다.'라는 후회의 감정이 밀려올 것이다. 그런데 이런 생각이 도전과 실패를 말하는 전부일까? 현실은 그럴지 몰라도 자신이 하고 싶은 일을 결국에는 해 봤으니 그것에 대한 후회는 남지 않을 테니 실패가 실패로 끝나지 않는 이유가 되는 것이다.

　어떤 사람들은 실패가 두려워 평생 아무 것도 하지 않은 채 시간을 보낸다. 비록 큰 사건 없이 시간이 지나갔겠지만 그 후회감은 무엇으로도 보상을 할 수 없다. 그래서 나이가 들어서 사춘기 소년처럼 방황을 하게 되고 후회의 한숨을 내쉬게 된다. 자기 자신을 믿지 못하고 도전하지 않은 시간을 후회하는 것은 평생을 따라다니며 큰 아쉬움을 남긴다. 게다가 실패를 통해서 얻을 수 있는 교훈은 어떤가. 그것은 실패가 아니라 시행착오일 뿐이다. 이런 경험들은 다음에 그가 도전할 여러 꿈들에 대비해 미리 위험을 경고해 주기도 하며 노하우를 전해 주기도 한다. 직접 해 보지 않았으면 절대로 알지 못했을 것들. 그것을 알고 있다는 것이 얼마나 큰 재산인지 모른다.

경험해 보지 않은 채 누군가의 조언을 듣고 그의 이야기에 의존해 꿈을 이룰 수는 없다. 결국 직접 보고 듣고 느낀 것들이 다음 도전의 밑거름이 되고 성공의 자양분이 되며 차후 삶을 채워 가는 영양제가 된다. 실패가 가져다주는 성공은 자기 자신에 대한 신뢰까지 가져다준다. 길거리에 쓰러져 죽더라도 나는 해내고 만다는 그런 배짱이 생기며, 자기 자신에 대한 무한 신뢰야말로 누구도 가르쳐 줄 수 없고 돈으로도 살 수 없는 무서운 힘이다. 그렇게 만들어진 자존감은 평생 나를 일으켜 세우는 든든한 발판이 된다.

요즘 청년들이 목숨을 걸면서 완성하려는 스펙을 보자. 아무리 스펙이 좋아도 그것만으로는 절대로 위대한 승부를 할 수 없다. 왜냐하면 스펙이야말로 일정한 점수로 사람의 능력을 규격화해서 등수라는 필연적 결과로 사람을 평가하기 때문이다. 그러면서 자신의 열등감을 자각하게 되고 이것은 가슴의 힘을 절대로 뛰어넘지 못한다. 그러나 자신의 힘을 믿고 열정을 무기 삼아 꿈에 도전한 사람은 자신에 대한 기본적인 신뢰가 있기 때문에 어디서나 당당하다. 회사나 어느 단체가 아닌 자신만의 세상에서 훨씬 살벌하고 치열한 전쟁을 경험한 강인한 전사가 되어 있는 것이다.

이들은 정신력 면에서는 특전사 대원보다 강하면 강하지 덜하지 않다. 비록 실패를 했더라도 자기 자신이 불러온 일이므로 후회가 적다. 남의 뜻에 의해서 실패를 경험하게 되면 그는 엄청난 불만과 회의를 표시한다. 그러나 자기가 한 일에서 실패를 경험한 사람에게는 그런 후회가 남지 않는다. 비록 능력이 부족했거나 운이 따르지 않아서 실패를 했더라도 쉽게 추스르고 다시 일어설 용기를 찾는다. 그리고 다시 원래 페이스대로 전진한다.

흔히 해 보지도 않고 후회하는 것보다 해 보고 후회하는 것이 낫다고 한다. 나는 여기에 덧붙이고 싶다. 도전 정신도 없이 안락하게 사는 돼지가 되기보다, 잠시 거지로 살더라도 해 보고 후회하며 나중에는 기필코 승천하는 사람이 되라고.

도전하는 사람은 강하다. 왜냐하면 평생 도전하면서 계속 성장하는 삶을 살기 때문이다. 당신의 나이가 서른이라면 50년은 더 살 수 있다. 마흔이라 해도 절반 남았다. 충분하다. 80세까지 도전을 이어 간다면 얼마든지 해낼 수 있다. 능력이 부족해서 좀 늦으면 어떤가? 결국 되면 되는 것이지! 안 그런가? 그런 정신이 중요하다.

꿈은 때와 장소를 가리지 않는다. 지금 자신의 환경에서부터 시작하라. 할 수 있는 것에서부터 시작해서 꿈으로 나아가면 된다. 먼저 꿈을 설정한 뒤 다양한 길을 통해서 이뤄 가는 것도 방법이다. 그것은 자신의 선택 문제다. 다만, 무엇이든 꿈을 이루려면 도전을 해야 하고, 도전을 할 때에는 자신의 가슴을 따라야 한다. 우리의 삶은 한 번뿐이다. 도전하지 않으면 후회가 너무 크다는 것을 우리는 그동안의 경험만으로도 너무 잘 알고 있지 않은가.

자기 자신에게 솔직한 삶, 자신의 꿈과 욕망에 충실한 삶을 사는 사람은 아름답다. 여행이든 공부든, 혹은 누군가를 돕거나 꿈을 나누는 것 모두가 충분히 아름답고 세상을 풍요롭게 만든다. 자기 자신이 원하는 대로 사는 것은 참으로 힘든 일이며 자신을 믿고 용기를 내야 하는 어려운 일이지만 끝을 볼 때까지 가 보겠다는 다짐과 불굴의 투지와 집념, 그리고 꼭 이뤄 내고 말겠다는 욕심과 끈기가 있다면 한 번뿐인 삶을 누구보다도 빛나고 아름답게 만들 수 있다.

자신에게 주어진 인생에 최선을 다해야 한다. 그것이야말로 의미가 있는 삶이지 않을까. 물론 느림 속에도 자신만의 의미와 철학이 있고 그 안에서 느끼는 여유와 미학이 있으며, 긴 안목으로 승부를 볼 수 있는 거북이 같은 투지를 느낄 수 있다. 어떤 방법이든 결국 자기만의 방식으로 걷는 것이다. 어쨌든 모두 한 곳에서 만난다. 자기가 해 보고 싶은 것은 해 봤다는 그 만족감의 골인선 말이다.

가슴이 시키는 대로 살아라. 그것이 진짜 삶이다. 삶이란 적어도 자신의 뜻을 펼쳤을 때 의미가 있고, 다소 실패를 하더라도 후회가 없다. 나이 많으신 어르신들께 가장 후회되는 것이 무엇이냐고 여쭤 보면 돈을 많이 벌지 못한 것도, 사랑에 실패한 것도, 성공하지 못한 것도 아니라 해 보고 싶은 것을 해보지 못한 것이 가장 후회된다고 하시지 않는가.

가슴이 시키는 삶, 하고 싶은 것을 하는 삶, 한 번뿐인 삶을 아름답게 채워 주는 꿈이 있는 삶을 살라. 뜨겁게 살고 싶다면 후회할 일을 남기지 않는 것이 중요하다.

Niccolò
Machiavelli

20
실패에 대한 용인이 훌륭한 장군을 만든다

로마인은 다른 공화국 사람들에 비해 훨씬 의리가 깊었다. 장군을 처벌해야 할 경우에도 훨씬 더 큰 인정을 베풀었고, 존경을 표했다. 장군이 악의적으로 죄를 지었다 해도 필요 이상 엄격한 형벌을 가하지 않았다. 만약 악의 없이 죄를 지었다면 오히려 상과 명예를 내렸다. 그들은 이러한 방식을 당연하게 생각했다. 왜냐하면 군대를 지휘하고 작전을 실행하기 위해서는 외부의 요인에 얽매이지 않고 자유롭게 행동하는 것이 중요하다고 생각했기 때문이다.

군대를 이끄는 것은 어렵고 위험한 일이다. 로마인들은 거기에 더 큰 부담과 위험을 보태서는 안 되며, 장군이 이러한 일로 계속 걱정하게 만들면 전쟁에서도 과감하게 지휘할 수 없다고 생각했다.

…… 예를 들어 로마군이 그리스에 파견되어 마케도니아를 견제하거나, 이탈리아 국내에서 명장 한니발에게 대항하거나, 예전에 정

벌했던 모든 민족과 맞서 싸워야 한다면 그 지휘관은 지극히 중대한 임무들 때문에 온갖 걱정을 짊어질 것이다. 그때 패전의 책임을 지고 처벌받거나 다른 형벌을 받은 로마의 장군을 떠올린다면 어찌 되겠는가. 지휘관의 마음은 자연히 무거워지고 걱정 때문에 결코 단호하게 대처할 수 없을 것이다. 패전의 수치 그 자체만으로도 상당히 가혹한 처벌이므로, 거기에 더 벌을 가해 장군들에게 겁을 줄 필요는 없었다. _로마사 평론

왜 우리의 젊은이들은 서구의 젊은이들보다 창의성이 떨어진다는 평가를 받는 것일까? 왜 젊은이들이 도전하지 않고, 자신만의 생각을 표현하지 않으며, 조금 투박하더라도 개성 있는 돌이 되기보다 무난한 돌이 되려고만 하는 것일까?

이 질문에 대한 해답은 실패를 용인하지 않는 사회에서 찾아야 한다. 단적인 예로 한국에서 창업하는 것이 얼마나 어려운지를 생각하면 쉬울 것이다. 한국은 사업하기 참 힘든 사회이다. 아무리 좋은 아이템이 있다고 하여도 사회적 지위가 없는 젊은이들에게 큰돈을 투자하거나 빌려 주는 곳은 거의 없다. 끈기가 부족하고 자신의 꿈에 대한 신념이 없는 사람은 금방 지쳐서 포기하기 딱 좋은 환경이다.

그동안 우리에게 도전의 상징으로 여겨졌으며, 수많은 중소기업들에게 비전을 제시했던 휴대폰 기업 팬택이 어려움에 처했다는 소식이 들려온다. 팬택이란 회사는 어떤 곳인가. 휴대폰 하나로 수많은 혁신과 도전을 보여 주었던 한국의 세계 최고 기업이다. 그런데 그들이 만든 제품을 홍보할 자금력이 부족해서 세상에 채 알려지기도 전에 우위를 빼앗기고 적자를 걱정하는 상황에 처하기도 하는 것이다. 도전의 성공 모델이 거의 없는 이런 상황에서 평범한 청년이 꿈과 비전 하나로 세상에 도전장을 내민다는 것이 상당히 어려움은 말할 것도 없다.

실제로 창의성은 어느 정도 환경이 안정이 된 상태에서 잘 발휘된다. 물론 마감 시간에 맞추기 위해서 긴박한 상황에 놓였을 때 최고의 집중력을 발휘하여 좋은 성과를 낼 수도 있지만 대부분은 그렇지 않다. 확실히 야생에서 살아가는 동물들은 동물원에서 생활하는 동물들보다 강하고 적응력이 빠르지만 생존율은 높지 않은 것처럼 말이다. 사람도 마찬가지로 긴박한 환경에 놓이면 성공하는 사람의 능력치는 상승할지 몰라도 성공 확률은 현저히 떨어진다. 진정한 창의성은 경쟁 상황에서 벗어났을 때 최대치를 보여 준다. 가만히 내버려 두라. 간섭하지 않으면 그때 최고 수준의 능력이 드러날 것이다. 결국 창의성은 안정성과 자율성을 바탕으로 자라난다.

직장인이라고 다를 것이 없다. 언제 정리해고 당할지 모르는 상황에서 업무를 위한 창의성이 발휘가 되겠는가? 그저 자리 하나, 책상 하나 지키기 위해서 전전긍긍 하는 상황에서는 온전히 업무에 집중하기 힘들다. 그렇다면 직장을 스스로 박차고 나오면 어떤가. 잘릴 위험은 없을지 몰라도 하루 한 끼 걱정을 해야 하는 상황에 놓이면 마찬가지 결과를 만날 뿐이다. 무엇을 해야 할지 설계를 시작하기도 전에 창의성은커녕 한숨만 깊어질 것이다.

최선을 다했을 때에는 실패를 해도 회사가, 그리고 국가가 책임을 지겠다는 약속과 신뢰가 있어야 개인의 능력도 최대치로 발휘가 된다. 그렇지 않으면 직장인은 좀 더 안정적인 곳을 찾아 수도 없이 자리를 옮기려고 할 것이고 수많은 가능성을 가지고 있는 잠재적 인재들은 현실에 안주하려고만 할 것이다. 도전해서 남는 것이 없기 때문이다.

회사는 직원에 대한 신뢰 회복이 우선이다. 직원의 도전으로 인한 실패는 겸허히 수용해 주고 끝까지 고용을 이어 나갈 수 있다는 약속을 지키는 것이야말로 가장 중요하게 생각되어야 할 문제다. 회사가 기득권을 내려놓고 고용자는 개인적인 욕심을 버릴 때 서로가 상생하여 함께 성장할 수 있다. 모두가 서로를 향해 신뢰를 회복했을 때 우리 사회는 도전에도 안심할 수 있는 사회가 된다. 우리 스스로가 실패를 용인하고, 도전에도 안심하고 살 수 있는 나라를 만들어야 한다. 개인이 아니라 국가 전체가 바뀌어야 하는 것이다.

개인의 노력으로 되는 것도 있지만 사회의 도움이 필요한 것도 있다. 이런 문제가 바로 그것이다. 젊은이들이 운명에 굴복하지 않도록 사회가 나서서 도움을 줄 때이다.

내가 실패하면 아버지는
'아무것도 하지 않는 것보다 훨씬 낫다.'며 격려해 주셨다.
_사라 블레이클리

Niccolò Machiavelli

21
'조금만 더'의
비밀

사람은 꼭 필요하지 않다면 선을 행하지 않는다. 구속이 사라져서 누구나 제 마음대로 할 수 있다면 당장 세상은 혼란과 무질서로 뒤덮일 것이다. 이런 까닭에 굶주림이나 빈곤이 사람을 부지런하게 하고, 법률이 사람을 선량하게 한다고 말한다. 만약 법률이 없어도 사람들이 저절로 좋은 행동을 한다면 법은 있을 필요가 없다.

…… 필요하므로 어쩔 수 없이 하는 행동과 자기가 선택해서 하는 행동이 있다. 대체로 절박한 상황에서 다급하게 하는 행동이 오히려 강한 위력을 발휘한다. 그러므로 도시를 세울 때, 비옥한 땅이 아니라 황량한 곳을 고르는 것도 훌륭한 방법이 될 것이다. 불모의 땅에서 사람들은 부지런하게 일을 해야만 하므로, 게으름에 빠지지 않고 더 굳게 단결하는 성과를 낳을 것이다. 또한 토지가 황폐하면 나라 안에 갈등을 불러올 요소도 적어진다. _정략론

군주가 도시를 세우고자 선택한 토지가 어떤 곳인지 깊이 생각해 보아야 한다. 그곳은 사람들이 열심히 일하지 않으면 살 수가 없는 황무지인가? 그렇다면 사람들이 게으름에 빠지는 일도 적고, 가난해서 오히려 예전보다 더 일치단결하고 서로 의지할 수 있을 것이다. …… 그래서 인간은 배고픔과 가난을 느껴야 부지런해지고, 법의 통제를 받지 않으면 선한 사람이 될 수 없는 것이다.

…… 우리는 보통 이성의 명령이 아니라 어쩔 수 없는 사정에 의해서 많은 일을 포기한다. _로마사 평론_

사람은 왜 일을 하는 것일까? 우리는 이 질문을 진지하게 생각해 볼 필요가 있다. 사람은 학교를 졸업하고 성인이 되면 일을 하기 시작하는데 그 사람이 하는 일이야말로 그 사람의 인생을 나타내는 전부라고 할 수 있다. 그런데 우리는 일을 하면서 어떤 마음가짐을 가져야 하는지에 대해서 진지하게 생각하는 사람은 거의 드물다.

대부분의 사람들은 좋은 것에는 쉽게 마음을 빼앗기고 그렇지 않은 것에는 흥미도 보이지 않는다. 일에서도 마찬가지다. 누구나 편하고 보기 좋은 일을 하고 싶어 한다. 보수가 좋은 일이나 전망이 보장된 일도 마찬가지다. 또, 같은 일이라도 분위기라든지 복지 등의 근무 환경이 좋은 곳에서 일하려고 하며 이것은 어디를 가나, 누구에게나 예외가 없다.

그러나 세상은 그리 만만한 곳이 아니다. 내가 원하고 바라는 것이 내 마음대로 얻어지는 것이 아니다. 누구나 좋아하고 가고 싶어 하며 하고 싶어 하는 일이기 때문에 필연적인 경쟁이 발생하고 그 속에서 이긴 사람만이 그것을 쟁취할 수 있다. 그러다 보니 나머지 사람들은 원하지 않던 분야에서 하기 싫은 일도 참고 해야 하는 결과를 맞이하게 된다. 결국 고민이 깊어지고, 방황하게 되며, 돈을 벌면서도 스트레스를 받는다. 마음에도 들지 않는 일이 쉽고 편하게 느껴질 리가 없으니 결국에는 생각보다 더 많은 사람들이 매일매일 일을 하면서 힘든 하루를 보내고 있다.

얼마 전 한 30대 초반의 청년이 인터넷에 올린 글을 보았다. 그는 지방 국립대를 졸업했으며 지금은 지역의 중소기업에서 한 달에 200만 원이 채 되지 않는 월급을 받으며 일하고 있다고 했다. 결혼을 하고 싶지만 맞선은 물론이거니와 소개팅도 들어오지 않으며 같은 직장에서 일하는 여직원들마저 자신의 낮은 연봉을 들먹이며 남자로서 지키고 싶은 최소한의 자존심마저 건드리는 상황이라 죽고 싶은 마음마저 든다는 것이다. 지방대 출신이라는 편견과 낮은 연봉, 중소기업에 대한 좋지 않은 인식, 인간의 존엄성을 무시하는 대접을 받고 있는 근무 환경, 잦은 야근과 열악한 복지 환경, 그럼에도 결혼마저 장담할 수 없는 처지를 고민하고 있는 그 글을 보며 마음이 편치 않았다. 결국 그것은 우리 모두의 글이었기 때문이다.

전 국민의 80~90퍼센트가 중소기업에서 일하고 있고, 전체 근로자의 약 60퍼센트 정도가 200만원 미만의 월급을 받는다는 통계가 있다. 이것이 지금 우리가 직면하고 있는 현실이고, 부인할 수 없는 나의 모습이며, 인간의 삶이란 무엇인가에 대한 원초적 고민을 이끄는 근본적인 질문이다. 이렇게 삶이 현실에 처하면 사람은 과연 일이란 무엇인가, 삶이란 무엇인가, 나는 왜 사는가, 나는 어떻게 살아야 하는가에 대해서 고민하게 된다.

우리들은 자신이 좋아하는 일을 해야 한다고 배워 왔다. 적성을 살리는 일을 찾아야 하고 대기업이 아니더라도 꿈을 이룰 수 있는 곳에서 최선을 다하는 모습이 아름답다고 배운 것이다. 우리 스스로도 자신의 길을 걸어가고 있는 사람들이 멋지고 아름다운 사람임을 인정하며 그들의 삶을 동경해 온 것이 사실이다. 그런데 우리들 대부분은 그렇게 배우고 느낀 대로 살아가지 못하고 있다. 하고 싶은 일을 하기는커녕 취업 자체도 너무나 힘든 이 상황에서는 이상적인 생각을 하기보다는 당장의 현실을 냉정하게 바라보고 최고가 아닌 최선의 선택을 하게 된다. 그러다가 뒤늦게 '나는 왜 일을 하는가? 그리고 왜 이 일을 해야 하는가?'라는 질문을 던지게 되는 것이다.

사람이 막다른 곳에 다다르게 되면, 결국 "해야 하니까 한다."라는 애매한 답을 하게 된다. 그것이 지금 할 수 있는 최선의 답이기 때문이다. 하지만 이 대답은 우리를 초라하게 만든다. '어쩔 수 없이 해야 한다'는 뜻을 내포하고 있는 말이기 때문이다.

지금 우리는 고민이 많은 시대를 살고 있다. 내 이상과 현실이 전혀 다른 모습으로 진행되고 있기 때문이다. 그래서 고민이 깊어지고 깊은 방황의 수렁에 빠진다. 그것은 지금 이 시대를 살고 있는 거의 모든 사람에게 해당되는 말이다. 하지만 오히려 이런 때일수록 인간의 본질이 무엇인지 인식할 필요가 있다. 인간의 본성은 배가 부르면 힘든 일을 하지 않으려고 한다. 누구나 그렇다. 그렇지만 피할 수 없는 상황에 처하고 나면 그제야 힘든 일이라도 꾸역꾸역 참으며 한다. 피할 수 있는 일이라면 좋겠지만 그렇지 않을 때에는 그 무엇도 내 어려움을 가릴 수 없기 때문이다.

그런데 그런 상황에 처했을 때, 그래서 힘든 상황을 참으면서 열심히 일을 해야만 할 때, 오히려 우리는 더 성장할 수 있는 것이 아닐까? 역사를 되돌아보아도 국가적으로 힘든 일이 발생했을 때 오히려 그 위기가 기회가 되어 더 크게 성장하는 경우도 종종 있으니 말이다.

많은 사람들이 직장을 구하지 못하거나, 직장을 구했더라도 계약직 신세를 면치 못하고 마흔 무렵이 되면 명예퇴직을 고민해야 하는 시대이다. 그러나 이렇게 악조건으로만 가득한 것 같은 때일수록 우리가 그것들을 역이용한다면 오히려 더 좋은 결과를 만들어 낼 수 있지 않을까? 수많은 사람들은 어쩔 수 없는 상황이 되었을 때라야 죽을 듯한 힘을 내는데, 우리도 지금 이 어려움을 죽을 듯한 힘을 낼 수 있는 상황으로 이용하면 어떨까 싶다. 그러면 그것은 분명 전화위복 轉禍爲福이 되어 줄 것이다.

해결할 수 없을 것 같은 문제가 있다면 어떤 식으로든 이 문제를 극복할 수 있도록 노력을 다하는 것만이 대안이 되어 줄 것이다. 그리고 지금 당장 다른 것을 가질 수 없다면, 지금 있는 자리에서 최선을 다해 가는 것만이 유일한 답이 될 것이다. 세상은 잔인하게도 모두가 성공하는 구조가 아니다. 그렇다면 남들보다 더 열심히 하는 수밖에 없다는 결론에 다다른다. 지금 고민이 많다면, 지금 힘들어서 죽고 싶다면, 어려움으로 인해 잠조차 오지 않는다면 대안은 하나뿐이다. 더 열심히 하는 것! 지금부터는 마음을 조금 더 소박하게 먹고, 조금만 더 성실히 말하는 것으로 승부를 내 보자.

어차피 자신이 원하는 만큼 큰 부자가 되기는 어렵다. 거의 대부분의 사람들이 그렇다. 그렇다면 욕심을 버리는 것이다. 허황된 욕심을 버리고, 밥 먹으면서 살면 감사하다고 생각하고, 지금 상황에서 최선을 다해 보자. 그러면 좋은 날이 오지 않을까? 분명 지금 우리에게 힘든 상황은 우리가 더 치열하게 고민하고, 더 열심히 일하는 기회를 제공할 것이다. 그리고 이 속에서 우리가 어떻게 행동하고 노력하는가에 따라서 우리의 미래도 바뀔 것이다. 천천히 간다고 생각하고, 조급하게 마음먹지 말고, 좀 더 열심히 노력하고 좀 덜 번다고 생각하고 사는 것이 오히려 행복으로 가는 지름길이 될지도 모른다.

우리들의 삶은 잔인하지만, 결국 우리가 어떻게 바라보느냐에 따라서 다른 결과를 낼 수 있다. 힘든 현실에 포기해 버리기는 쉽다. 그러나 사람은 자기 마음대로 살 수 없고, 주어진 현실로 인해 삶이 결정되는 경우가 대부분이다. 이 점을 존중하고 지금의 현실에서 할 수 있는 한 최선을 다하는 것이 우리가 삶의 끝까지 짊어져야 할 숙명이다.

현실을 바꿀 수는 없다.
하지만 현실을 바라보는 눈은 바꿀 수 있다.
_니코스 카잔차키스

Niccolò
Machiavelli

22
진짜로
채우고 싶다면

오랫동안 한 군주에게 다스림을 받은 민중은 우연히 자유를 찾는다 해도 그것을 유지해 나가기가 지극히 어렵다.

…… 이런 국민은 거친 야생의 맹수가 우리에 갇혀 사육당한 상태와 비슷하다. 사람의 손에서 자란 맹수는 어쩌다가 야생으로 돌아가더라도 먹이를 잡는 법과 숨어야 할 법 등 살아남기 위해 필요한 방법을 전혀 모르기 때문에 언제든지 다시 잡힐 수 있다. 민중에게도 이런 원리를 적용할 수 있다. 남에게 지배만 당한 사람들은 자유를 얻은 뒤에도 자기 힘만으로 공격하거나 방어하는 방법을 모른다. 그 방법을 잘 알고 있던 군주는 이미 추방당한지 오래다. 그렇게 되면 민중은 다시 누군가에게 예속되고, 예전의 짐보다 훨씬 더 가혹하고 맹렬한 압제 정치에 시달리기 쉽다. _정략론

대한민국에는 지금 힐링healing 열풍이 몰아치고 있다고 해도 과언이 아니다. TV나 잡지, 신문 기사 혹은 블로그 글에도 힐링이라는 글자가 빠지지 않는다. 우리 시대가 얼마나 힘들면 여기저기서 위로해 주겠다고 아우성치는 것일까? 그런데 반대로 이런 생각도 든다. 우리에게는 이런 힘든 상황을 이겨 낼 힘이 없기 때문에 상대의 위로를 바라는 것일지도 모른다.

주위를 둘러보라. 대학생도 아프다고 하고, 직장인도 아프다고 한다. 40대는 아플 수도 없고, 50대는 출구가 없다고 한다. 이것은 무슨 말일까? 그만큼 힘들다는 말이다. '힘들다'는 이 한마디가 우리의 현실 전부를 나타낸다. 그러나 우리는 이 힘듦을 이겨 낼 힘을 그만큼 키워 내지 못했음도 반성해야 한다는 생각도 든다.

문제집 보면서 학원 다니고, 대학 가서는 부모님 도움으로 4년을 보낸다. 성인이 되었지만 역시나 부모와 사회의 보호를 받으며 온실 속 화초처럼 살아가는 것이다. 사회에는 거친 바람이 쌩쌩 불어 대는데 그런 보호막 안에 있으면 바람이 부는지조차 알지 못한다. 단순하게 짐작하는 것과 직접 체험해 보는 것은 전혀 다르다. 스스로 돈을 번 것도 아니고, 세상이 어떤 곳인지 직접 부딪쳐 만나 보지도 못했다. 부모가, 사회가, 혹은 스스로가 만든 틀 안에서 사육되다시피 살아오다가 야생으로 나가면 스스로 살아갈 수가 없다. 거침없이 달려드는 야생 동물들을 어떻게 감당할 것인가.

직장에 있는 사람들도 마찬가지다. 시키면 시키는 대로 일해야 한다. 조금이라도 튄다는 평가를 받거나 조직에 어울리는 것 같지 못한다면 주위에서 쏟아지는 시선을 감당하기 힘들 정도가 된다. 결국 그는 조직에 융화되지 못한 외톨이 신세가 되고 결국에는 해고를 당하기도 한다.

아직도 우리 사회 대부분의 조직은 굉장히 보수적이다. 사람들과 함께 일을 해야 하기 때문에 오히려 너무 뛰어난 인재는 외톨이가 되기도 쉽고, 늘 내가 아닌 상대와 주변을 살펴야 하며, 자신의 생각을 말할 때에도 조직원들의 의견을 충분히 고려해야 한다. 이렇게 조직에 나를 맞추면서 조직이 나의 삶을 책임지는 인생을 살아오다가 직장을 잃게 되면 어떻게 살아갈 수 있을까?

말 그대로 막막함 그 자체일 것이다. 지금 직장인들이 고민을 떠안고 살아가는 이유는 경기 불황의 여파를 피부로 느끼는 현실도 있겠지만 스스로 창업을 하거나 무언가를 계획할 수 있는 힘을 키우지 못하는 환경에 노출되어 있다는 점, 또한 스스로도 자신감이 없다는 열패감 등에서 찾을 수 있지 않을까.

인생 자체는 굉장히 어렵다. 새장 안에서 살아가는 새나 야생을 뛰노는 새나 힘들다고 느끼는 것은 마찬가지다. 진정한 인생은 자신의 힘으로 살아가는 것이어야 한다. 타인이 내 모든 것을 책임지는 삶은 온전한 나의 삶이 아니다. 기업이 개인의 모든 것을 책임지는 시대는 사실상 끝났고, 국가의 약속도 온전히 믿을 수 없는 시대가 왔다. 결국 스스로 살아갈 수 있는 힘을 계속 키우는 것이 필요하다. 어떤 방식으로든 자기 혼자서 살아갈 수 있는 힘을 키워야 한다. 조직 안에 있는 사람도 마찬가지고, 조직 밖에 있는 사람도 마찬가지다. 결국 본인의 힘만이 자신의 것이기 때문이다.

한 번에 모든 것을 이루려는 욕심은 버리고 그저 남들보다 조금 더 열심히 살아가겠다는 마음이 있다면 그 태도에서 새로운 힘이 생겨난다. 그런 시간들이 쌓였을 때 결국 자신이 생각한 것보다 더 큰 힘이 키워질 수 있는 것이다. 그렇게 조금은 느리지만 조금 더 멀리 보는 시선을 가지고 인생을 살아갈 때 진정한 자신의 삶을 만들 수 있다. 진정한 자유를 얻고 있다면, 진짜 자신의 삶을 살고 싶다면 말이다.

23
분위기를 무시하면 큰코다친다

부패하지 않은 공화국에서는 잔인한 인간이라 할지라도 악행을 저지를 수 없다.

…… 도시마다 관습이나 제도가 달라서, 어느 도시에서 태어나 자랐느냐에 따라 다른 곳보다 강하거나 약한 인간이 된다. …… 이것은 혈통의 문제가 아니라 한 가족을 감싸는 가풍이 서로 다르기 때문일 것이다. 다시 말해서 어렸을 때부터 옳고 그름을 잘 가르치는 것이 중요하다. 그러한 가치관이 영혼에 새겨져 나중에 자기 행동의 기준이 되기 때문이다. _로마사 평론

완전히 썩어 버린 국가는 손도 댈 수 없는 난제다. 왜냐하면 모든 곳이 다 썩어 빠진 국가를 치료할 수 있는 법률이나 제도는 없기 때문이다.

미풍양속을 유지하기 위해서는 좋은 법률이 뒷받침해 주어야 하며, 법률이 존중되기 위해서는 민중의 선량한 풍속에 기대야 한다. _정략론

학생 때 자주 듣는 이야기가 있다. 면학 분위기가 좋은 학교에 가야 성적이 오른다는 이야기 말이다. 부모님께서는 왜 불량스러운 친구들과 어울리지 못하게 하셨을까? 왜 학원 하나를 고를 때에도 분위기를 꼼꼼하게 따지셨던 것일까?

부모님은 전체의 분위기가 개인에게 큰 영향을 미친다는 것을 아셨기 때문이다. '친구 잘못 만나서 잘못됐다'는 소리가 괜히 나오는 말이 아니다. 혹시라도 불량스러운 친구를 만나면 자신의 자녀들도 그렇게 물들게 될 것을 염려하셨기 때문이다. 까마귀 노는 곳에 백로가 가면 안 된다는 말도 이와 같다. 결국 모든 집단의 마지막을 결정짓는 것은 국풍 國風, 학풍 學風, 가풍 家風, 즉 '분위기'이다.

잘되는 회사에 가면 공기부터 다르다는 말을 한다. 그들이 들이마시고 내쉬는 공기가 특별하다는 말이 아니라 그 회사의 전체적인 분위기, 팽팽하게 흐르는 긴장감, 그러면서도 구성원 간에 넘치는 따뜻한 분위기 등이 단번에 느껴지는 것이다. 회사에서는 이것을 '기업 문화'라고 표현하기도 하는데, 전체의 분위기라고 이해하면 쉬울 것이다. 결국 좋은 국가, 좋은 기업, 좋은 가정이 되려면 전체적인 분위기가 좋아야 한다. 마키아벨리가 말했듯이 그 국가의 분위기가 좋으면 본성이 잔인한 인간도 나쁜 일을 할 수 없을 정도가 되기 때문이다.

전체적으로 공부하는 분위기가 형성이 된 학교나 학급이라면 아무리 공부에 흥미가 없는 학생들도 쉽게 떠들거나 장난치지 못한다. 반대로 아무리 열심히 공부하려는 학생이라도 전체적인 분위기가 공부와는 동떨어져 있다면 혼자서 그 분위기를 이기고 공부하기란 정말 쉽지 않다. 이것이 분위기가 주는 힘이다.

개인적으로 친하게 지내는 형 중에 삼성전자에서 일을 하다가 그만둔 사람이 있다. 그 형은 삼성전자를 두고 이런 말을 했다. "삼성은 다른 기업과 비슷한 능력의 사람들이 들어오는데 왜 그들만 유독 세계 최고라는 성과를 낼까? 그건 삼성에 들어가 보면 알아. 일을 엄청나게 하기 때문이지."

일을 그렇게 많이 시키느냐는 내 물음에 그 형이 이렇게 대답했다. "일을 시키는 게 아니야. 일을 하지 않으면 안 되는 분위기가 전체적으로 확실히 잡혀 있을 뿐이지. 일을 하지 않고는 배겨나지 못해. 다들 일을 열심히 하는데 자기만 일을 하지 않으면 이상한 사람이 되어 버리거든. 아무 말도 없이 죽어라 일하는 분위기가 삼성에는 잡혀 있어. 그런 분위기가 형성되어 있으니까 삼성은 세계 최고가 된 거야."

전체적인 분위기, 이것이 어쩌면 열심히 하라는 재촉의 말보다 더 중요할 수 있다. 공부를 하지 않는 아이에게도 공부하라는 잔소리보다, 부모가 먼저 독서를 하는 모습을 보여 주고 그런 분위기를 꾸준히 만들면 아이는 자연스럽게 책을 읽으며 공부하는 아이로 변할 것이기 때문이다.

결국 최고의 집단에는 좋은 분위기가 있다. 명문가도 그렇고, 강한 국가도 그렇다. 강한 국가는 결국 국민성이라는 단어로 표현할 수 있는데, 이것은 전체적인 국가의 분위기가 만든 것으로 국풍의 최종 완결판이라고 볼 수 있다. 결국 분위기라는 것은 복합적으로 만들어지는 것이다. 여러 가지 요소가 종합적으로 맞물리면서 전체적인 분위기가 완성되기 때문이다. 이것은 다양한 노력이 결합한 일종의 종합예술이라고 볼 수 있다. 이 분위기가 형성되면 강한 조직의 반열에 올라올 수 있다.

그렇다면 어떻게 이 분위기를 만들 수 있을까? 이 분위기라는 것은 사람이 만드는 것이다. 즉 강한 사람, 약한 사람이 한데 어우러져 만드는 것이다. 최고의 가치는 사람이 만든다. 특히 개인과 개인이 만나는 결혼, 그리고 그로 인해 만들어진 가정은 사람의 힘을 여실히 보여 주는 것이다. 회사 역시 마찬가지다. 회사에서는 당연히 기업의 최고의사결정권자의 능력이 매우 중요하다. 그들의 의사에 의해 직원들은 구속을 받기 때문이다. 하지만 직원들의 호응 없이 그 분위기를 형성할 수 있는가? 그렇지 않다. 국가의 경우도 지도자와 사회 지도층의 말과 행동이 매우 중요하지만 국민의 역할도 만만치 않다.

지금 우리나라는 사회 지도층에 대한 신뢰가 거의 없고, 사람들도 삶의 만족도가 낮은 편이다. 그래서 국민성이 좋지 않은 방향으로 가고 있는데, 이것은 사회 지도층의 잘못이 크다. 사회의 법과 제도를 만드는 사회 지도층이 삶을 바르게 살아가고 모범을 보일 때 신뢰는 회복된다. 또, 그들이 올바른 삶과 올바른 제도로 우리 사회를 바르게 이끌어 갈 때 삶의 만족도도 커진다. 전체적인 분위기는 처음에는 강한 개인이 만들지만, 나중에는 모두가 만들어 간다. 그래서 시간이 지나면 강한 개인도 전체적인 분위기에 영향을 받는다. 그래서 조직의 그 누구도 분위기를 쉽게 벗어날 수 없는 상태가 되어 버린다. 따라서 처음이 중요하다. 전체적인 분위기가 좋지 않으면 사회 지도층이 법과 제도를 새롭게 만들어도 쉽게 바뀌지 않는다. 그래서 지도층이 처음 잘하는 것이 중요하다.

모든 조직이 번영하는 처음과 끝은 전체적인 분위기가 만들어 낸다. 그것은 강한 개인에 의해서 형성되며, 이후에는 구성원들에 의해서 유지된다. 그러나 전체적인 분위기가 한번 강하게 형성되면 쉽게 바뀌지 않기 때문에 처음이 중요하다. 좋은 분위기가 있으면 나쁜 일은 줄어들고, 나쁜 분위기가 있으면 좋은 일이 줄어든다. 따라서 모든 조직, 즉 국가, 기업, 가정은 이 분위기를 좋게 만들도록 노력해야 한다. 최고의사결정권자의 강력한 실행과 노력은 좋은 분위기를 형성할 수 있으며, 이 분위기가 형성되면 그 다음은 분위기가 인물을 만들 수 있기 때문이다.

사람들로 하여금 그들이 하고자 하는 것을 하게끔 하는 게 아니라
그들이 이루고자 하는 것을 이루게끔 하는 것, 그것이 리더십이다.
_톰 랜드리

24
로또를 살 것인가
로또를 만들 것인가

    이집트는 좋은 땅을 가지고 있었지만, 거기에 안주하지 않고 엄격한 군사 훈련을 통해 뛰어난 인재를 얻었다. 너무나 오래 전 일이라 그 훈련 제도를 만든 입법자들의 이름은 잊혀 버렸지만, 만약 그들의 이름이 아직도 전해지고 있다면 오늘날 유명한 인물들보다 더 큰 찬사를 받았을 것이다.

    …… 기후가 따뜻하면 사람들의 습성이 나태해진다. 법률을 아무리 엄격히 해도 그것을 막을 수가 없으므로 위대한 군주들이 몹시 두려워했다. 그러므로 비옥한 땅에 도시를 건설하려면 그 땅이 가져오는 악영향을 법률로서 규제할 수 있어야만 한다. _정략론

사람에게 큰돈이 생기면 십중팔구 자제력을 잃기 쉽다. 지금 우리 곁에 "목구멍이 포도청이라 일하지. 돈만 많아 봐라, 금방이라도 때려 친다."라고 말하는 사람이 얼마나 많은지 생각해 보면 이해가 될 것이다. 물론 그 중의 하나가 내가 될 수도 있음은 물론이다.

사람들은 대개 힘든 상황은 피하고 싶어 한다. 아무리 위대하고 좋은 뜻이 있으며 아름다운 도전을 하고 있는 사람일지라도 노력은 죽어라 하는데 그만한 보상이 없다면 힘든 일은 그만하고 이제 편하게 살고 싶다는 생각을 하게 되는 것이다. 지상의 천사라는 테레사 수녀도 인도 빈민가에서 평생을 봉사하며 살았지만 때로는 심각한 내적 갈등을 겪은 적이 있음을 고백했던 것을 떠올린다면 이해가 될 것이다.

인간이 가지고 있는 원초적 한계는 사람을 지치게 만든다. 따라서 대부분의 사람은 먹고 살 충분한 돈이 있다면 더 이상 일하지 않고 편하게 살려는 생각을 하게 될 것이다. 흔히 말하기를, 복권에 당첨된 사람은 그 돈을 지키지 못한다고 하는 것도 갑자기 생긴 큰돈은 사람이 이성의 끈을 놓게 만들기 때문이다.

우리는 모두 안락한 삶을 꿈꾸며 하루라도 빨리 경제적 안정이라는 항구에 안착하기를 원한다. 그러나 안정된 상태, 그것이야말로 가장 큰 착각일 수 있다. 왜냐하면 일단 사람은 그런 상태에 머물게 되면 즐기느라 바쁘기 때문이다.

대기업 임원이라든지 큰 기업의 창업주들을 한번 보라. 그들은 1년에 영화 한 편 보지 않는다. 그들은 보통 사람들이 놀이라고 부르는 것들에 흥미를 보이는 대신 오히려 그들이 하는 일 자체에서 즐거움을 느낀다. 그 안에 자기 자신을 던져 온전한 몰입을 경험하고 그것으로 행복감을 느낀다. 그러니까 그들은 성공하기 이전에도 그런 식으로 살아왔고 지금도 그렇게 살고 있으며 앞으로도 그럴 것이다. 결국 그들의 부富는 안전하고 계속 늘어난다.

그러나 보통 사람은 하루라도 빨리 성공해서 큰돈을 손에 넣어 편하게 살고자 한다. 더 이상 돈을 늘리려고 하지 않고, 거기에 만족하면서 편한 것만을 찾는 경우가 대부분이다. 특히 그 돈을 벌기까지 큰 고생을 하지 않은 경우는 상당히 위험한데, 그는 돈 벌기가 너무나 힘들다는 것을 머리로만 알고 있기 때문이다. 몸으로 체득한 어려움이 아니기 때문에 깨달음의 정도가 다르다. 그래서 자신이 언제나 성공할 것이라고 착각하기 쉬우며, 돈을 쉽게 대하고 함부로 쓰게 된다.

그러나 누구나 그렇듯 메뚜기도 한철이다. 앞으로 어떻게 될지는 아무도 모른다. 고생을 하지 않고 빨리 큰돈을 번 사람들치고 돈을 지킨 경우가 거의 없는 것은 마음의 무거움 정도가 상대적으로 낮게 설정되어 있기 때문이다. 사람들의 이야기를 듣고 별생각 없이 투자하기도 하고, 쉽게 빌려 주기도 하며, 연대보증을 섰다가 패가망신하기도 한다. 그래서 목돈이 한 번에 들어오거나, 쉽게 성공하는 것은 위험하다.

돈은 양날의 칼을 지니고 있다. 우리에게 풍요로움을 주기도 하지만, 그것은 우리로 하여금 게으름과 퇴폐와 향락을 좇도록 만든다. 사람이 경제적으로 너무 힘들어 금방 지치는 것도 문제가 있지만, 돈이 많아서 열심히 생활하지 않는 것도 큰 문제다. 현실에 안주하고, 게으르게 살고, 자기가 하고 싶은 것만 하는 삶을 살면 건강도, 돈도, 미래도 위험해진다.

대부분의 평범한 사람들은 독하게 마음을 먹더라도 금방 무너지기 일쑤다. 그렇기 때문에 풍요는 큰 독이 된다. 그래서 지금 힘든 시간을 보내고 있다면 이 시간을 통해 뼈를 강하게 만들 필요가 있다. 고생을 제대로 해 보는 것이다. 그러면서 삶을 제대로 공부하는 자세가 필요하다. 이렇게 초반에 고생을 많이 하면 이후 성공을 하더라도 흔들릴 가능성이 거의 없다. 이미 돈의 무서움을 알고, 세상살이가 호락호락하지 않음을 오랫동안 온몸으로 겪으며 배워 왔기 때문이다.

만약 지금 당신의 주머니에 한꺼번에 큰돈이 들어왔다면 주의하라. 잘못하면 삶의 모든 것이 흔들릴 수도 있기 때문이다. 돈이 많이 있을 때 가장 주의해야 하는 것은 게으름과 자기 마음대로 살려는 욕구이다. 본래 인생이란 자기 마음대로 살 수 없는 것이며, 인간의 욕망은 무한하고 그것을 모두 다 가질 수 없는 것이 삶인데, 그것을 마음대로 하려면 반드시 문제가 생긴다.

인생이란 하고 싶은 것을 하면서 사는 것이 아니다. 어쩌면 하기 싫은 것도 하고 싶은 것을 하듯이 즐거운 마음으로 행할 수 있을 때

행복이 오는 것이라고 할 수 있다. 공부든 일이든 취미 생활이든 모두 마찬가지다. 항상 좋은 일은 없다. 좋을 때보다 안 좋을 때가 많은 것이 인생이다. 하기 싫은 일도 있고, 사람과의 관계에서도 참아야 할 때도 많다. 누구나 편하게 살고 싶어 하며, 고생을 피하고 싶어 한다.

그러나 편하게 살려고 하면 오히려 위험해진다. 오히려 힘들게 살겠다고 작정하고 나면 모든 것이 편안해진다. 회사에서의 스트레스도 줄어들고, 지금 내 삶의 문제도 거의 사라지며, 가난해도 초조해하지 않는다. 왜냐하면 가난을 이미 인정하고 불편하게 살겠다고 각오했기 때문이다. 풍요로움은 우리가 궁극적으로 걸어가야 할 길이다. 그러나 그것이 짐이 될 수도 있다. 내가 내 마음을 잘 관리하지 못한다면 말이다. 언제나 인생을 수양하듯이 힘들게 사는 태도가 삶에는 반드시 필요하다.

훌륭한 인간들이 가지고 있는 두드러진 특징은
그들이 혹독한 시련을 이겨 냈다는 것이다.
_루트비히 판 베토벤

Niccolò
Machiavelli

25
동기가 결과를 알려주지는 않는다

아무리 나쁜 실례實例라도 모든 시작의 동기는 훌륭했다.

…… 사람에게는 명예보다 물욕이 더 중요하다. 로마의 귀족은 별 저항 없이 평민에게 명예를 나누어 주었지만 재산만큼은 완강하게 지켜 나갔다. 그러자 평민들은 앞서 말한 대로 그라쿠스 형제를 호민관으로 선출했다. 그 형제의 분별력은 둘째 치고 그 의도만은 높이 평가해야 한다고 생각한다. 로마 공화국의 부가 한곳에만 몰려 있는 상황을 타개하려 든 것은 좋았다. 그러나 그들이 만든 법은 과거에까지 소급해서 적용되었을 뿐만 아니라, 기득권층에게도 큰 영향을 미쳤다. 이러한 정책은 경솔했다고 생각한다.

…… 그러나 로마 공화국이 이룩해 낸 훌륭한 성과가 꼭 위대한 동기에서 비롯된 것은 아니라는 점도 생각해야 한다. 로마 평민들의 권익을 보호해 준 호민관이라는 제도는 사회의 내분 덕분에 생겨날 수 있었다. 그렇다면, 그 내분도 훌륭한 것이었다고 평가될 수 있는 것이다. _정략론

어떤 사람이 입사를 위해서 면접을 보았다. 그는 자신의 열정을 강조하고 싶었다. 그것이 자신의 가장 큰 장점이었기 때문이었다. 그러나 이미 그 부분은 자기소개서에서 충분히 전달이 된 상태였다. 오히려 너무 과도한 열정은 면접관들의 우려심만 증폭시킬 상황이었다. '이 사람은 참 열정이 많고 대단한 사람이군. 하지만 열정이 너무 과도한 것도 문제가 되는데. 다른 사람의 의견을 잘 듣지 않을 수도 있으니까. 그렇다면 조직 생활에는 어렵지 않을까? 면접 때에는 이 사람의 협동심이나 배려심이 어떤지 주의 깊게 봐야겠군.' 그러나 지원자는 면접관들의 우려가 틀리지 않았음을 미리 증명하려는 듯 면접장에서 더욱더 자신의 열정을 강조했고 결국 그는 불합격될 수밖에 없었다.

　내가 보여 주고 싶은 것과 상대방이 보고 싶은 것은 다를 수 있다. 그래서 내가 의도하는 선한 동기가 좋은 결과를 가져오지 못할 때가 있는 것이다. 그렇기 때문에 우리는 늘 생각의 틀에 갇히지 않도록 주의해야 한다. 내 기준이 아니라 상대방의 기준에서 판단해야 한다. 내가 좋아하는 방식으로 그를 위해 주는 것이 그에게는 고문이 될 수도 있고, 악영향을 줄 수도 있는 것이다. 아무리 내가 좋아하는 것이라도 그에게 어울리지 않거나 그가 원하는 것이 아니라면 아무 소용

없다. 반대의 경우도 마찬가지다. 그의 마음은 고맙게 여겨질지언정 내 취향이 아닌 것을 내미는 상대에게 고마운 마음이 들지는 않는다.

사실 상대의 취향을 배려한다는 것은 태생적으로 인간에게 맞지 않는다. 왜냐하면 우리는 모두 자기 본위로 생각하는 존재이기 때문이다. 사람은 결국 자기가 생각한 대로 받아들인다. 그러니까 이성적으로 따지고 거르면서 받아들이는 것이 아니라, 일단 직관적으로 그것을 인식한 다음, 살을 붙여 나가는 식으로 세상을 이해한다. 자기만의 생각으로 세상을 받아들이기 때문에 상대방의 입장에서 생각하는 것이 어렵다. 상대방의 입장이라고 해도, 결국 자기 생각 안으로 들어가 생각하기 때문이다. 그러니까 역지사지易地思之라고 하는 것도 자신의 입장에서 자기가 대접받고 싶은 대로 생각하게 마련이다.

이것은 보편적인 인간의 특성을 담고 있기도 하지만, 각 개인의 차이가 분명히 존재함을 말해 준다. 인간의 철학도 제각기 다르고 세상을 보는 눈 자체가 완전히 다른데, 그런 상황에서 그 사람의 생각을 온전히 이해한다는 것은 어려운 일이 아닐 수 없다. 아주 사소한 부분에서도 전혀 다른 생각의 차이가 존재할 수 있는 것이 사람이다. 그래서 인간관계는 어려운 것이며 결과를 판단하는 일 역시 그렇다.

그렇다면 어떻게 해야 할까? 결과를 예측하려고만 하지 말고, 직접 그 사람을 만나서 이야기를 듣고, 말투의 미묘한 차이를 느껴 보아야 한다. 직접 부딪치지 않으면 알 수 없다. 그러니까, 내 머리 속으로만 결과를 생각해선 안 된다. 마키아벨리는《로마사 평론》에서 "아무리 나쁜 전례도 처음에는 선한 것이었다."라고 했다. 어떻든간에 그 전례를 세운 사람도 결과를 생각하지 않았을까? 오직 선한 의도만으로 그 전례를 만들었을까? 절대 아닐 것이다. 그 전례를 만들 정도의 사람이라면 똑똑했을 것이고, 선한 의도뿐만 아니라 결과를 분명히 생각해 보았을 것이다. 그러나 그것은 생각에 그쳤기 때문에, 결국 자기 본위의 생각을 떠나지 못했고, 그 결과 객관적인 견해와는 다른 결과가 나오게 된 것이다. 반드시 현장 조사를 해 보아야 한다. 그래야 제대로 된 결과를 낼 수 있다. 정확히 알면 답은 보인다.

어릴 때는 내 마음대로 해도 상대가 알아서 내 행동을 해석하고 이해를 해 주었지만 성인이 된 시점부터는 다르다. 오직 결과를 면밀히 조사해서 상대방의 입장을 배려한 말과 행동을 해야 한다. 또, 어떤 일을 하든지 의도만을 가지고 움직여서는 안 된다. 현장 조사를 해야만 객관적인 진실을 정확히 알 수 있다. 상대방의 면전에 대고 "나는 널 좋아해."라고 고백하는 것은 아마추어이고, 상대방이 원하는 것을 정확히 알고 그에 걸맞게 행동하는 것은 프로라고 할 수 있다. 절대로 의도만 내세워선 안 된다. 늘 결과를 염두에 두고 행동해야 한다. 그래야 선한 의도가 힘을 발휘할 수 있기 때문이다.

Niccolò
Machiavelli

26
누구나 위대한 판단을 내릴 수 있는 시간이 있다

인민은 크게 보아야 할 일을 판단할 때는 쉽게 실수하지만, 현상 하나하나를 자기 일처럼 생각하면 제대로 판단할 수 있다. _정략론

인간은 자기 목숨이나 신상이 걸린 일이 생기면 완전히 제정신을 잃지는 않는다. 오히려 자기가 매우 무력한 존재라는 것을 깨닫고 조심하게 된다.
_로마사 평론

　우리나라 청년들의 공무원 시험 준비 인원이 광복 이후 가장 많은 숫자라고 한다. 그런 현상을 두고 많은 사람들이 "왜 공무원 시험만 치려고 하느냐, 젊은이가 패기가 없다, 한심하다, 나라의 미래가 걱정된다, 젊은이라면 도전하라."는 등의 이야기를 한다. 그러면 거꾸로 물어보자. 정말 왜 이렇게 많은 사람들이 공무원 시험을 준비하는 것일까?

　본인의 눈으로 볼 때와 다른 사람의 눈으로 볼 때의 사물에 대한 인식과 판단은 전혀 다르게 나타난다. 즉 자신의 인생이 되면 인식 자체가 굉장히 정확하고 면밀해지는 반면, 남의 인생에 대해서는 막연한 당위론에 빠져서 이야기를 하게 마련인 것이다.

　지금 공무원 시험 준비를 하는 사람들이 도전이나 패기에 대해서 생각을 해 보지 않았을까? 당연히 생각해 보았고, 그랬기 때문에 시험 준비를 하는 것이다. 지금 한국 사회에는 190만 명의 대졸 미취업자가 있고, 연간 50만 명의 대학 졸업자가 쏟아져 나오고 있으며, 대기업 채용은 3만 명 수준에 머물러 있다. 더군다나 이공계 중심으로 채용이 이뤄지기 때문에 문과 졸업생의 취업률은 매우 낮다.

　거기다 대기업은 더 이상 안정적인 직장이 아니다. 근속연한이 길다고 해도 20년 안팎이다. 그러면 50세에는 회사를 그만둬야 한다.

더 큰 문제는 우리 사회가 자영업으로 살아갈 수 있는 환경이 안 된다는 점이다. 특히 젊었을 때부터 장사로 잔뼈가 굵은 사람이 아니면, 어지간해서는 성공하기 어렵다. 그래서 많은 사람들이 프랜차이즈를 하는데 그것은 본사만 좋은 일 시켜 주는 것이라는 사실을 이미 모두가 알아 버렸다. 결국 50세 이후에는 거의 대부분 아르바이트를 하면서 살아가야 하는 것이 현실이다.

이런 현실을 젊은이들이 모르겠는가? 공무원이 비록 월급은 적을지 몰라도 정년까지는 일할 수 있고, 안정적인 공무원 연금이 나오니 죽을 때까지 먹고사는 걱정은 하지 않을 수 있다. 비록 대기업이 연봉을 많이 준다고 하지만 안정적이지 않고, 평생 급여로 따지면 오히려 공무원이 더 나을 수도 있고, 대기업에 비해서는 노동 강도가 약하기 때문에 가정에도 충실할 수 있으니 좋다고 보는 것이다. 그래서 광복 이후로 가장 많은 사람들이 공무원에 준비를 하고 있는 것인데, 어쩌면 이것은 개인적으로 볼 때는 바람직한 선택이며 매우 합리적인 판단을 하고 있는 것으로 볼 수 있다.

사람들이 말한다. "중소기업에 가라, 어디에서든 시작하면 된다, 다 자기하기 나름이다, 중소기업에서 대기업으로 이직해라, 젊은이의 패기로 중소기업을 대기업으로 만들어라, 일단 일찍 시작을 하는 것이 앞서 가는 것이다."

그러나 왜 젊은이들이 중소기업에 가지 않을까? 왜 재수, 삼수, 사수를 해서라도 대기업에 가려고 하는 것일까? 사회적으로 볼 때는 중소기업이 살아야 나라가 사는데 왜 사회적으로 옳은 일에 젊은 사람들이 동참하지 않는 것일까? 이들이 나라의 역적들이라서 그런 것일까? 아니다. 현실을 너무나도 잘 알고 있기 때문이다. 본인의 인생이기 때문에 누구보다도 진지하고 냉정하고 정확하게 생각하고 판단한 것이다. 정말 자신의 인생을 두고 진지하게 생각하고 하는 행동이기 때문에 사회적으로 옳은 가치인 줄 알아도 요지부동하는 것이다. 이것은 정확한 판단일까? 당연히 정확한 판단이다. 자신의 삶의 주체가 되어서 판단을 하는 것이기에 정확하다.

사람은 기분이 좋아서 붕 뜬 상태일 때는 그릇된 판단을 하기 쉽다. 남의 일, 특히 공공의 일이 되면 더욱 그렇게 된다. 왜냐하면 자신의 생존이나 이익은 생각하지 않아도 되고 오직 다른 사람의 눈만 생각하면 되기 때문이다. 사람은 정말 초라하고 비참할 정도로 땅바닥에 떨어진 상태라야 정확한 판단을 내리게 된다. 진짜 현실을 정확히 인식하게 된다. 그전에는 느껴 보지 못했던 것들을 느끼게 되고, 보이지 않았던 것들이 보이게 된다. 그러면서 진짜 있는 그대로의 현실 속에서 냉철한 판단을 내리게 된다. 그래서 인생의 실수를 하지 않게 된다.

막상 닥치기 전에는 제대로 보지 않는다. 직접 자신이 겪어 보면 머릿속의 생각과는 다르다는 것을 알게 되는데 그때 그 판단이 가장 정확하다. 그래서 사람이란 직접 자신의 일이 되어 보아야 진실을 알게 된다. 수많은 사람들이 그곳으로 몰려가는 것에는 분명 타당한 이유가 있다는 것을 직감적으로 감지해야 한다. 그리고 그 타당한 이유를 정확히 읽을 줄 아는 눈이 필요하다. 직접 당해 보기 전에 그 사람의 마음으로 그것을 섬세하게 느낄 수 있는 감수성이 필요하다. 그래서 내가 직접 그것을 당해 보거나 일을 해 보지는 않았더라도 확실히 알 수 있도록 하는 것이 중요하다. 그럴 때, 멀리 있더라도 정확한 판단을 내릴 수 있게 된다.

삶이란 본질적으로 치열하고 힘든 것이다. 낭만적인 생각은 잠시 잠깐으로 족하다. 낭만적이고 편한 생각만으로 세상을 해석하면 안 된다. 그런 식으로 판단을 내려선 안 된다. 내가 정말 무력하고 못났고 세상에 대해 엄청난 두려움과 위기의식을 느꼈을 때의 마음으로 판단해야 한다. 그래야 정확한 판단을 내릴 수 있다. 지금 우리 시대의 수많은 판단들은 그런 마음으로 내렸을 때 가장 정확하며, 그것은 거의 대부분 개인의 신상과 관계가 있는 판단들이다. 사람이 이기적인 존재라서 그런 것이 아니라 일단 자신부터 살고 보아야 한다는 생존 본능이 강하게 작동하기 때문이다.

많은 사람들이 내린 판단이라면 분명 그에 맞는 이유가 있다. 그리고 내가 그 사람들과 다른 판단을 하고 있다면 나는 좀 더 절박하지 않은 것일 수도 있다. 그래서 그들의 심정을 이해하지 못하고 있는 것이다. 상품 기획자 혹은 사업가라면 그 절박감을 공유해야 한다. 그럴 때 그들의 입장을 온전히 이해할 수 있고, 그들의 필요를 정확히 충족시키는 상품을 만들 수 있기 때문이다.

그러나 이것이 말처럼 쉽지는 않다. 왜냐하면 인생의 진면목을 온 마음으로 느끼는 것은 힘든 일이기 때문이다. 왜 그럴까? 낭만적인 마음이 아니라, 현실적인 마음으로 세상을 바라보아야 하기 때문이다. 이렇게 나의 일이라고 생각하고 바라보아야 정확한 판단을 내릴 수 있고, 각 개인들도 자신의 일이기 때문에 정확한 판단을 내려서 행동하고 있는 것이다. 그래서 정확한 것이다. 우리는 내 일이라는 생각과 절박한 마음으로 세상을 보는 힘을 길러야 한다. 그럴 때 객관적인 진실을 보고 정확한 판단을 내릴 수 있다. 모든 사람은 자신의 일일 때 위대한 판단을 내린다.

Niccolò
Machiavelli

27
오늘에
집중하라

　인간의 욕망에는 끝이 없다. 그러나 막상 욕망을 위해 몸을 움직여도 뜻대로 되는 경우는 별로 없다. 그래서 이루어지지 않는 인간의 욕망에는 끝이 없어진다. 그 결과, 인간은 계속해서 불만을 느끼고 현재에 넌더리를 낸다. 마침내 사람들은 현실을 나쁘게 말하고 논리적인 이유도 없이 과거를 찬양하며 미래를 동경한다.

　…… 자연은 인간을 창조했을 때, 무슨 일이든 욕망하도록 해 두고는 정작 소망대로 이루어지는 것은 아무 것도 없게 했다. 이처럼 언제나 욕망이 현실보다 크기 때문에 사람은 자신이 가지고 있는 것에 불만을 느끼고 아무 것에서도 만족을 느끼지 못한다. 여기에서 사람들의 운명이 변한다. 어떤 사람들은 자기가 가진 것을 더욱 펼치려고 하고, 다른 사람들은 이미 손에 넣은 것을 놓치지 않으려고 하여 적대하거나 전쟁이 벌어진다. 한발 더 나아가서 한 나라가 멸망하거나 한 나라가 크게 부흥하기도 한다. _정략론

사람은 누구나 살고 싶은 삶의 방향이 있다. 하지만 마음먹은 대로 사는 사람은 그리 많지 않다. 서점에 수많은 여행기가 넘쳐 나는 것도 여행을 가지 못하는 사람들이 대리만족을 위해 그런 책들을 찾기 때문이 아닌가. 누구나 세계 곳곳을 누비며 자유롭게 여행하며 살고 싶지 칙칙한 사무실에 얽매여 재미없게 살고 싶어 하지 않는다.

꿈에 그리던 직업을 가지고 싶고, 멋진 배우자를 만나 행복하게 살고 싶으며, 조금이라도 높은 연봉을 받으면서 회사 생활을 하고 싶은 것은 누구나의 공통된 생각이다. 그런데 사람들의 욕망은 무한한 반면, 개개인의 능력은 거기서 거기다. 결국 대부분의 사람들은 자신이 얻고 싶어 하는 것을 대부분 얻지 못한다.

하는 것마다 실패하는 것도 당연하다. 일단 능력이 비슷한 사람들이 모여서 경쟁하고 있으며 그 중 하나가 나일 가능성이 매우 높다. 내가 원하는 것을 그들도 원하니 경쟁률은 나날이 치열해지고 실패의 가능성은 덩달아 높아진다. 블루오션이라고 하면서 역발상을 이야기하지만, 남들이 가지 않는 걷는 것은 것은 몇 배로 더 힘들기 때문에, 차라리 이곳에서 이류 혹은 삼류로 사는 것이 더 편할 수도 있다고 생각하는 것이다. 결국 사람에게 잘되는 일은 적고 욕망은 많으니 삶의 불만이 증폭될 수밖에 없다.

결국 인생은 이 욕심을 어떻게 대하느냐에 따라서 결정된다. 하고 싶은 대로 살기 위해서 수많은 것들을 포기하면서 전진하느냐, 어느 정도의 현실적 충족을 위해서 하고 싶은 것의 욕심을 버리면서 살아가느냐, 욕심을 포기하면서 진정한 평온 상태로 들어가느냐, 끊임없이 욕심을 충족하기 위해서 끊임없이 노력하면서 사느냐 중에 하나인 것이다.

부처는 인생의 고통에서 벗어나는 방법은 욕심을 줄이는 것이라고 이야기한 바 있다. 욕심을 줄이면 몸은 고통스러울 수도 있지만 마음이 편안해져서 행복에 이를 수 있다. 사람의 야망이나 욕심은 끝이 없어서 아무리 돈과 명예가 쌓이더라도 절대로 만족할 수 없다. 따라서 스스로 타협점을 마련하는 것이 필요하다. 그렇지 않으면 평생 욕심의 노예로 살 수밖에 없다.

노력을 통해 운명을 어느 정도 변화시키는 것은 필요하지만, 자신의 타고난 본질적 한계를 뛰어넘으려면 굉장한 노력이 필요하다. 우리가 단순한 노력만으로 음악 천재 모차르트가 되거나 육상의 신 우사인 볼트가 될 수는 없다. 자신의 본질을 알고 그에 맞는 노력을 하고 현실적인 대응법이 필요하다. 미래는 알 수 없는 것이지만, 나름대로 이 정도만 되면 만족할 것이라는 선은 필요하다. 소박한 것에 만족하고, 열심히 노력해 가는 지혜 말이다. 사람은 언제나 현실보다 욕망이 크기 때문에 오늘에 불만을 느낀다. 그래서 과거를 추억하고 내일에 희망을 품는다. 그러나 그런 삶은 오늘을 놓치는 삶이다. 오늘 만족하지 않으면 내일도 만족할 수 없다. 내일의 현실이 급격하게 변할 수는 없다. 오늘의 연장선 위에 있는 것이 내일이기 때문에 하루아침에 스타가 되거나 성공의 길을 걸을 수는 없다.

욕심을 줄이고 오늘의 만족에서부터 출발해야 한다. 물론, 사람은 비교의 동물이기 때문에 끊임없이 흔들린다. 그러나 모든 욕망을 충족할 수는 없다는 것을 알고 지금 있는 자리에서 노력을 해 가는 것이 필요하다. 노력을 하면서 자기 스스로 만족을 하고, 남과의 비교를 지양하고, 타인의 말에 흔들리지 않는 힘이 필요하며 자기만의 중심을 잡고 살아야 한다. 물론, 다른 사람이 건네는 객관적인 말에는 귀 기울일 필요가 있다. 수많은 사람들이 이야기하는 것에 대해서 무시만 하고 사는 것은 옳지 않다. 어느 정도 받아들이는 자세가 필요하다. 그러나 끊임없이 흔들려선 곤란하다. 받아들일 건 받아들이되, 자신의 여건 속에서 최선을 다해 살아가면, 그것으로 충분한 것이 인생이다.

월급이 적으면 사람다운 삶을 살 수 없다고 생각하는 분위기가 팽배하지만 이것은 잘못된 것이다. 자기 스스로의 중심을 찾고자 노력하는 자세가 필요하다. 인생의 진정한 의미는 성공을 하는 것이 아니라, 최선을 다해 자신의 능력을 충분히 발휘하여 다른 사람들에게 도움을 주는 것에 있기 때문이다.

비록 사회적인 성공을 하지 못했더라도 최선을 다했고, 그래서 후회가 없고, 단 한 사람이라도 나로 인해 도움을 받았다면 그것으로 족하다. 사람이라면 돈도 많이 벌고 싶고, 명예도 얻고 싶고, 권력도 얻고 싶은 것이 인지상정이지만 그 모든 것이 가능하지 않은 것이 삶이며, 현실은 언제나 그렇듯 기대에 비해 초라하기 그지없다. 그러나 우리는 오늘 이 자리에서 시작해야 한다. 그리고 오늘이 전부임도 알아야 한다. 내일은 오늘이 되니, 오늘의 연장선이 인생이다. 그 진실을 안다면, 오늘의 만족이 얼마나 중요한지도 알게 될 것이다. 오늘 만족하지 않으면 평생 동안 만족하지 못하며 살게 된다.

오늘에 만족하려면 마음을 소박하게 가지고, 동시에 최선을 다해서 자신의 능력을 키우는 수밖에 없다. 결국 작은 것에 만족할 줄 아는 마음과 최선을 다하는 태도로 살아가면 될 것이다. 욕망에 사로잡히면 부평초처럼 끊임없이 흔들리게 된다. 절대로 내가 바라는 것은 모두 이루어지지 않는다. 100개의 버킷리스트가 모두 이루어지기는 힘들다. 오늘부터 할 수 있는 일이 있음을, 부모님이 있음을, 건강함을, 가능성이 있음을 감사하며 전진하도록 하자. 그런 마음으로 노력하면 끊임없이 성장해 가는 내가 될 것이기 때문이다.

지금 당신이 있는 바로 그곳이 새롭게 시작할 곳이다.
_페마 쇼드룽

28
삶에 펼쳐진 배수의 진

한 나라의 모든 국민이 전란이나 기근 때문에 어쩔 수 없이 가족 전체가 고향을 떠나 새로운 땅을 찾아 나서다가 전쟁이 벌어질 때가 있다. 그곳을 지배하기 위해 전쟁을 일으키는 것이 아니라, 그 땅을 모두 자기 것으로 만들어 거기에서 살기 위한 전쟁이다. 그래서 원래 살던 주민을 추방하거나 죽이는데 이런 전쟁이야말로 정말로 참혹한 것이다.

…… 이렇게 부득이하게 고향을 떠난 사람들의 수가 많은 경우, 그들은 다른 나라를 무력으로 침공한다. 원주민을 죽이고 재산을 빼앗아 새로운 나라를 세운 다음, 심지어 나라 이름까지도 바꾸어 버린다. _정략론

다른 부족이 침략해 온다는 소식을 들은 어떤 민족은 자기들이 도저히 맞서 싸울 수 없다는 것을 잘 알았으므로, 나라를 구하고자 버티다가 모조리 멸망당하기보다는 차라리 나라를 버리고 몸을 피하는 것이 낫다고 생

각했다. 그래서 부족 전체가 고향을 떠나 아프리카로 가서 그곳의 원주민을 내쫓고 자리를 잡았다. 이처럼 자기 고향은 지키지 못한 사람들도 다른 지방은 점령할 수 있었다. _로마사 평론

사람은 모두 편하게 살고 싶어 한다. 헝그리 정신으로 파이팅하자고 외치기는 하지만, 그것은 인간의 본성에 반하는 이야기이다. 인간은 최선을 다해 헝그리 정신을 발휘해야 할 상황을 피하고자 한다. 인간은 어지간한 상황이 아니라면 죽을 듯한 노력을 하지 않으려고 한다. 그런데 죽을 듯한 노력을 하는 경우가 있다. 그럴 때는 그렇게 하지 않으면 안 되는 상황이 대부분이다.

마키아벨리는 한 나라의 인민 전체가 전쟁이나 기근 때문에 부득이하게 새로운 나라를 찾아 나서면서 하는 전쟁이야말로 가장 참혹한 전쟁이 된다고 말한다. 물러서면 오직 죽음밖에 없다면 도저히 물러설 수가 없다. 이겨도 그만 져도 그만이 아니라 반드시 이겨야만 하는 절박감으로 싸움에 임한다. 그때 인간은 가장 강한 힘을 내고, 그런 마음으로 투쟁하는 상대는 어지간한 노력으로는 이길 수가 없다.

사람이 가장 강할 때는 가장 힘들 때다. 물러설 곳이 전혀 없는 사람이 가장 강한 힘을 발휘한다. 배수진을 치고 싶어서 친 것이 아니라, 진짜 어쩔 수 없이 배수진에 처하게 된 자가 가장 강한 자가 된다. 가난 때문에 자살까지 시도해 보았던 사람이 이후에 크게 성공하는 경우를 볼 수가 있는데, 그것은 그 사람의 능력도 있지만 상황의 어려움이 오히려 그의 성공에 큰 힘을 준 것이다. 인간은 아무래도 한 시간이라도 더 자고 싶고, 조금 더 쉬고 싶으며, 하다가 잘 되지 않으면 포기하고 싶어진다. 그러나 그 어떤 선택지도 주어지지 않았을 때는 무조건 해야만 한다.

외로움을 견뎌 내고 자신만의 일을 처음부터 끝까지 해낸 사람들은 운 좋게 성공한 사람들과 차원이 다르다. 10년 이상 무명의 시간을 이겨 낸 사람들, 특히 50대 즈음에 빛을 본 사람들은 보통 사람들이 아니다. 거의 정신병을 이겨 냈다고 할 정도로 험난한 고비를 굽이굽이 이겨 낸 사람들이고, 눈물의 곡절과 온갖 투쟁 속에서 살아남은 위대한 전사이기 때문이다.

해야만 하는 일은 해야 한다는 명제는 거역할 수 없다. 사람은 밥은 먹어야 한다. 몇 끼 굶을 수는 있어도 오랜 시간 음식을 먹지 않으면 반드시 죽는다. 그러니 어떤 일이든 가리지 않고 하는 것이다. 삶에 투정을 부리는 것은 그만큼 선택지가 많기 때문인지도 모른다. 그 어떤 선택지도 없다는 것은 처지를 따질 형편도 안 된다는 말이다. 그때는 일이 힘들다든지, 남들 눈에 보기에 부끄럽다든지 하는 것들은 전혀 상관이 없다. 몸이 피곤해도 상황에 집중하느라 전혀 피곤한지 모르기 때문이다.

그러고 보면 사람은 조금이라도 틈이 있으면 딴 생각을 하는 존재인지도 모르겠다. 끊임없이 딴청을 피우고, 조금이라도 편하려 하고, 조금이라도 쉽게 뭔가를 얻으려고 하기 때문이다. 그런 면을 생각한다면, 어쩌면 인간은 자신을 극한으로 몰아넣고, 오히려 스스로가 그런 힘든 상태를 만들어서 이용하는 것이 좋겠다는 생각도 든다.

왜냐하면 그렇게 사는 것이 더 나은 삶을 살 수 있고 더 강한 힘을 낼 수 있기 때문이다. 거의 다 와서 포기해 버리면 다 된 밥도 다 망칠 수 있다. 100리 중 99리를 왔어도, 여기서 안주해 버리면 그 1리를 가지 못해 끝내 100리를 가지 못하는 존재가 인간 아닌가.

실패하고 힘든 상황에 처해도 솟아날 구멍은 있게 마련이다. 제 고향을 지키지 못했던 사람도 다른 지방을 점령을 할 수 있듯, 지금 여기에서 실패해도 다른 곳에서 성공할 가능성은 여전히 있기 때문이다. 그러니 포기는 절대 금물이다. 오히려 힘든 상황 속에서 초인적인 힘을 내면 반드시 다시 일어날 수 있다. 부득이한 필요성이 있는 사람, 더 이상 물러설 곳이 없는 사람보다 강한 사람은 없다.

절박하지 않고, 그만큼 긴장하지 않은 사람은 제대로 된 준비와 대응을 할 수가 없기 때문에 실패할 확률만 높아진다. 구직 활동을 해 본 사람은 알겠지만, 매우 사소한 실수에 의해 당락이 결정된다. 두세 장 남짓의 자기소개서와 매우 짧은 시간에 진행되는 면접으로는 아무리 나에게 엄청난 실력이 있어도 절대로 다 보여 줄 수 없기 때문이다. 결국 사소함이 모든 운명을 가르는데, 이때는 절박함에서 나온 집중력이 매우 중요하다.

그렇기에 우리는 정말 정신을 바짝 차려야 한다. 대충대충 하면서 마음 편하게 살면 안 된다. 긴장해야 한다. 부득이한 필요성이 있는 사람보다 강한 사람은 없다. 우리는 강한 사람이 되어야 한다. 이렇게 살면 비록 삶이 피곤할지언정, 강한 힘을 발휘할 수는 있다. 이런 정신 없이는 결코 생존할 수가 없다. 알다시피 지금은 평범한 삶을 살아가기도 어려운 시대이기 때문이다. 배수진을 치는 정신으로 살아가는 것은 지금 우리에게 꼭 필요하다.

Niccolò
Machiavelli

29
전략으로
상대방을 압도하라

　　지위는 대물림되어 이어진다. 그러므로 그런 혜택을 받지 못한 채 태어난 사람은, 실력이 대단하지 않다면 기발한 술책이라도 써야 한다. 그렇지 않으면 출신이 비천한 자가 천하를 호령하게 되는 일은 드물 뿐더러, 절대로 있을 수도 없다고 생각한다. 낮은 지위로 태어난 자가 출세하고자 할 때, 뛰어난 실력만 갖추어서는 충분하지 못하지만 좋은 책략만 있으면 그 목적을 달성하는 수가 많다.

　　…… 로마라는 나라도 성장하기 위해서 모든 수단을 사용했다. 술책을 쓸 때도 결코 주저하지 않았다. 건국되었을 무렵, 로마의 가장 악랄한 술책은 다른 국가와 동맹을 맺은 다음, 나중에 그 동맹이라는 이름을 빌어 이웃 부족들을 자기 나라에 예속시킨 것이었다. 말하자면 로마는 처음에 동맹국들의 힘을 이용해서 여러 부족을 거느리고 자기 위신을 높였다. 그런 식으로 이웃을 모두 정복하자 로마는 강대해져서 천하무적의 국가가 되었다.

…… 따라서 로마는 건국 초기부터 열심히 책략을 썼다. 책략이야말로 낮은 지위에서 출발해서 가장 높은 지위로 나아가려는 자에게 꼭 필요한 것이다. 게다가 로마인들의 사례에서 알 수 있듯이, 책략도 다른 사람들이 눈치채지 않으면 나쁜 소리를 덜 듣게 될 것이다. _정략론

부모에게 물려받은 것 없이 낮은 신분에서 고귀한 지위로 나아가려면 거의 대부분의 경우에는 실력이나 책략을 써야 한다. 이런 것들보다 더 확실하게 높은 지위를 약속하는 것은 없다. 실력만 가지고 되는 경우는 결코 없지만, 책략만으로는 충분한 경우도 있다. 이러한 사실은 비천한 지위에서 출세해서 국왕 또는 지배자가 된 사람들의 전기를 읽어 보면 알 수 있다.

…… 나는 모략이 성공의 비결이라는 것을 굳게 믿는다. _로마사 평론

　근래 인터넷에 회자되는 단어 중에 '대기업 노예'라는 단어가 있다. 대기업 오너의 아들은 태어나자마자 회장 자리가 예약되어 있는데, 우리는 아무리 죽을 듯이 노력해도 누구나 아는 기업에 입사하기도 하늘의 별 따기이며, 입사한다고 해도 임원까지 올라갈 확률은 1퍼센트 미만에 불과하다는 점에서 나온 말이다. 우스갯소리 같지만 뼈아픈 현실이 녹아 있는 단어가 아닐 수 없다.

　그렇다면 우리는 평생 노예 신분에 머물러야 하는가? 신분제 사회가 무너진 지 채 100년이 되지 않았다고는 하지만 어쨌든 자유 경쟁 시대에 살고 있는데 스스로 노예라 칭하며 남은 평생을 살아갈 수는 없지 않겠는가 이 말이다. 거대한 부_富를 물려받을 수 없는 사람이라면, 성공하기 위해 실력뿐만이 아니라 전략도 필요하다. 왜냐하면 실력이 출중한 사람들은 너무나 많기 때문이다. 단순히 열심히 하는 것을 뛰어넘는 자신만의 확실한 전략이 필요한 상황이다. 운동경기에서도 정정당당한 스포츠 정신과 더불어 선수들의 실력도 굉장히 중요하지만 역시 신의 한 수는 감독의 숨은 전략이 큰 위기를 모면하게 해 주는 것이다.

　노력 외의 다른 방법들을 강구하라. 자신만의 강점을 개발하고 다듬어서 빛이 나는 보석으로 만들어야 한다. 윤리와 도덕의 잣대를 벗어나지 않는 범위 안에서 할 수 있는 최선을 다하라. 사회는 개인의 노력을 강조하지만 현실은 전혀 그렇지 않은 것을 우리는 수도 없이 보아 왔다. 그러니 이런 현실이 우리를 지배하는 것 같더라도 그것에 굴복하지 말고 자기 스스로 어떻게 생존 전략을 세워야 할지 고민하고 찾아내서 실천하는 것이다.

인생에 있어 전략은 매우 중요하다. 실력만으로 돌아가는 세상이 결코 아니기 때문이다. 우리는 태어나자마자 부조리한 세상에 던져진 것이나 다름없다. 우리는 드넓은 우주에 내던져진 존재나 다름없으며, 그 안에서 각자 어떻게든 살아야 한다는 명제를 타고난 존재다. 옳고 그름에 대한 판단은 법을 지킨다는 전제하에서 자기 스스로가 내리는 것이 바람직하다.

그리고 자신이 인간다운 삶을 살기 위해서는 어떻게 해야 하는지도 신중하게 생각해야 한다. 실력만으로 안 된다면 눈물에 호소하는 것도 방법이고, 상대가 좋아하는 무언가를 제공함으로써 일을 되게 만들 수도 있으며, 다른 사람을 이용해서 그 일을 해낼 수도 있다. 그 일을 해내게 하는 것이 목적이라면, 방법은 무한대에 가깝다.

나는 나만의 방식으로 승부를 해 나가야 한다. 다행히 세상은 다면체로 구성되어 있어서 다양한 승부가 가능하다는 점이 흥미롭다. 공부를 잘하지 못해도 끼가 많으면 연예인으로 성공할 수 있고, 운동으로 프로 선수가 될 수도 있다. 사람을 잘 사귀고 대인 관계가 좋으면 영업 사원으로 성공할 수도 있으며 미용 기술을 배워서 그 속에서 큰 기업을 일굴 수도 있는 것이 우리의 삶이다. 그러니까, 자기만의 전략이 필요하다. 다양한 생각과 방법으로 반드시 좋은 결과를 만드는 것, 이것이 우리가 우리의 인생에서 부여받은 숙제이자 숙명이다.

우리는 인생을 통해서 이것을 해내야 하고, 그 과정에서 세상과 축복을 나눌 수 있어야 한다.

"나는 어떤 식으로, 어떤 방식으로, 어떤 전략으로 살아갈 것인가? 지금 내가 처한 상황 속에서 해야 하는 것은 무엇인가?"

이 질문에 대답할 수 있는 삶을 살 수 있도록 당신만의 특별한 전략을 구비하라. 인생은 분명 실력만으로 성공하는 것이 아니다. 이미 유복한 가정에서 태어난 사람과 매우 뛰어난 재능을 타고난 사람들이 즐비한 세상이다. 이런 상황에서는 정면 승부를 피하고 전략으로 압도해야 한다.

자기가 가지고 있는 것이 무엇인지 모르는 사람은
결코 높이 올라가지 못한다.
_올리버 크롬웰

Niccolò
Machiavelli

30
명문가는
어떻게 만들어지는가

    도시마다 각자 별개의 습관이나 제도가 있고, 그에 따라 강인한 인간과 나약한 인간을 낳는다. 그런데 사실, 같은 도시에 사는 사람들이라도 집집마다 성격이 다르다. 어느 도시를 보아도 그렇다.

    …… 이런 것은 혈통만으로 설명할 수 없다. 왜냐하면 혈통은 누구와 결혼했느냐에 따라서 마구 변하기 때문이다. 오히려 가풍은 사람이 어렸을 때부터 보고 배운 옳고 그름, 선악에 대한 분별에서 출발한다. 그 판단은 사람의 전 생애에 걸쳐 행동의 규범이 된다. _정략론

명문가는 어떻게 탄생하는 것일까? 명문가를 규정하는 데에 있어 혈통이라는 요소도 무시할 수 없겠지만 그보다는 집안의 원칙이 더 중요하다고 생각된다. 집안에 누가 들어오든 상관없이 그 집안의 분위기와 교육 원칙을 통해 대대로 바르고 훌륭한 자손들이 탄생하게 되는 것이다. 결국 이 말은 부모가 제대로 살아간다면 자식도 바른 방향으로 나아간다는 소리이다. 그러니 명문가는 계속해서 명문가로 이름을 떨칠 수 있는 것이다.

좋은 집안이 되기 위해서는 부모의 노력, 다시 말해서 그들의 삶의 태도가 중요하다. 부모의 야망, 일에 대한 애정과 뜨거운 삶의 철학, 그렇게 열심히 삶을 사는 모습이 자식에게도 그대로 전해지기 때문에 부모의 직업이나 사회적 위치보다 삶을 대하는 자세가 더 중요하다고 할 수 있다. 자식의 성공은 부모의 직업이나 부모의 뛰어난 머리로 결정되는 것이 아니다. 그들의 삶의 태도로 자식이 성공할 수 있는 길을 열어 주는 것이며 이 삶의 태도는 말이 아닌 행동으로 직접 보여 줄 때 빛을 발한다.

누구나 자신의 집안이 명문가가 되기를 원한다. 그렇다면 지금 내 삶을 제대로 살아가야 한다. 지금 당장은 성공하지 않았더라도 가장 중요한 것은 지금 상황에 관계없이 그저 열심히 살아가는 태도를 갖는 것이다. 지금 자신의 모습이 초라하다고 여겨질지라도 그런 상황에 흔들리지 않고, 굳건하게 자신의 길을 걸어가는 투지와 집념, 불굴의 의지가 필요하다. 그 자세가 결국 자신의 삶을 일으키고, 자식에게도 큰 가르침을 주기 때문이다.

우리의 사회는 20세에 입학하는 대학과 20대 후반에 얻게 되는 직장으로 삶이 결정되는 구조를 가지고 있다. 그런데 전문직이 되거나 대기업에 입사하는 사람이 과연 우리 인구의 몇 퍼센트나 될까? 거의 없을 것이다. 그렇다면 나머지 대다수의 사람들은 성공에서 점점 멀어지는 길을 걷고 있다는 소리인데, 자신만의 탁월함이 없다면 20대 후반에 결정된 삶을 뒤집기는 쉽지 않다.

지금 한국 사회가 어떻게 돌아가고 있는가? 모두가 먹고 살기 힘들다고 아우성이다. 우리 한국인들이 여가를 즐기고, 힐링이니 뭐니 하면서 상처받은 것들을 치유하고, 느리게 가더라도 여유를 즐기면서 사는 삶을 몰라서 하지 못하는 것이 아니다. 환경이 그렇게 도와주지 않는데 어떻게 그런 삶을 살 수 있겠는가.

20대에 결정된 삶의 질이 평생을 좌우하는 삶. 이것이 바로 지금 대한민국의 모습이다. 30세가 넘으면 취업이 어렵고, 35세가 넘어가면 이직도 힘들어진다. 40세가 넘으면 이직하기 더욱 어려워지고 직장을 떠나면 90퍼센트는 험난한 자영업의 길을 걷게 된다. 이것이 지금 대부분의 한국인이 공식처럼 밟아 가는 삶의 모습이 되었고 이 속에서 탁월함이 없는 사람은 도태되기 십상이다.

따라서 삶의 투지와 탁월함이 관건이다. 세상이 정해 놓은 대로 살아갈 수는 없지 않은가. 그리고 독하게 살아야 자식들도 제대로 된 삶의 태도를 배울 수 있다. 기득권층이 쌓아 놓은 견고한 성을 부술 수 있는 것은 탁월함밖에 없다. 개인의 노력만으로 삶의 틀을 깨기는 쉽지 않은 것이 현실임을 인지해야 한다.

21세기의 명문가라면, 자기 분야에서 큰 획을 그은 사람, 새로운 마인드로 자기만의 길을 개척한 사람, 학계를 놀라게 할 연구를 하는 사람 등을 배출한 집안이라고 할 수 있을 것이다. 이것은 돈으로 만들 수 있는 것이 아니다. 결국 투지와 집념이 만들어 낸 승리이다. 가난이 문제인가? 이것은 어떤 식으로든 승부를 낼 수 있다. 기회를 잡는 것은 우리의 몫이다. 어려운 상황 속에서도 새로운 일을 배워 사업을 키울 수도 있고, 혹은 새로운 기회에 투자를 할 수도 있는 것이다. 의지만 있다면 무엇이든 가능하다.

자녀들은 그런 부모의 삶에서 살아가면서 필요한 모든 것을 배운다. 부모의 행동과, 그런 행동 속에서 나오는 말과 신념이 진정한 교육이 되는 것이다. 당신 집안이 진정한 명문가가 되기 원한다면, 오늘 당신의 삶을 열심히 사는 것부터 시작하라. 그것이 교육의 시작과 끝이며, 부모의 그런 삶과 태도가 훌륭한 교육이 되어 결국 명문가의 핵심 토대를 만들기 때문이다.

Niccolò
Machiavelli

31
승부의 원칙을
깨달으라

대다수의 지배자는 잔혹함을 서투르게 사용한 탓에 전시에는 물론이고 평화로울 때에도 나라를 유지하기 어려웠다. 그러나 몇몇은 잔혹함을 교묘하게 이용해서 나라를 유지시켰다. 만약 악에 대해서도 '훌륭하다'라고 말할 수 있다면, 훌륭한 잔혹함이란 이런 뜻이다. 군주가 자기를 지키기 위해 한 번 잔혹하게 행동하더라도, 그 다음부터는 더 이상 잔혹한 행동을 하지 않고, 최대한 부하들에게 도움이 되도록 한 것이다. 반면 잔혹함을 서투르게 사용했다는 것은, 사소하게 시작된 잔혹함이 점점 심해지는 경우를 가리킨다.

…… 이러한 예로 볼 때, 나라를 빼앗은 정복자가 잔혹한 행위를 하려면 한꺼번에, 단 한 번으로 끝내 버려야 한다. 그리고 다시는 되풀이하지 않겠다고 약속하여 민심을 얻고, 은혜를 베풀어 민심을 잡아야 한다. 그렇게 짧게 끝내면 민중의 분노도 쉽게 사라진다. 반대로 은혜는 민중이 오랫동안 맛보도록 조금씩 베풀어 줘야 한다. _군주론

착한 사람이 실패하기도 하고, 악한 사람이 성공하기도 한다. 오히려 악해야 성공의 길에 바짝 다가서고, 착하면 손해 보고 늘 뒤처지며 성공 따위는 꿈도 꿀 수 없는 것 같다.

사람들은 우리 사회의 지도층에는 존경할 만한 사람이 없다고 말한다. 대기업의 총수나 국회의원들은 존경이 아닌 비난의 대상이 되고 있으며 그들의 삶에는 갑과 을의 횡포, 각종 비리와 뇌물, 횡령과 배임, 골목 상권 침범, 근로자에 대한 냉정한 처사 등의 문제점이 여실히 드러난다. 국민들의 머릿속에는 '국회의원은 비리, 대기업은 범죄'라는 인식이 너무나 팽배한 것이 현실이다. 가진 사람들은 모두 도둑놈이고 사기꾼이라는 관념이 사회에 퍼진 것이 어제오늘의 일이 아니다.

하지만 과연 그것이 전부인가? 오히려 그렇지 않을 수도 있다. 지도층들은 대개 열심히 살아왔고, 자기 관리에 철저한 사람들이다. 그렇지 않고서야 국회의원이라는 고위직에 있을 수가 없고 대기업이라는 치열한 전쟁터에서 임원으로 살아갈 수가 없는 것이다.

앞서 이야기한 여러 비리와 범죄들을 듣기 좋게 포장하려는 것은 아니다. 그저 그들이 삶에 대해 얼마나 열의를 가지고 살아왔는지를 이야기하고 싶은 것이다. 그들은 늘 치열하게, 그리고 누구보다 영리하게 자신의 삶을 살아왔다. 상대의 마음을 얻기 위해 작은 것도 지나치지 않으려고 노력하고, 그렇게 얻은 것은 절대 놓지 않는 끈질김도 있다.

그렇다면 착한 사람들은 왜 실패하는가? 사실 그들은 착한 것이 아니라, 결정적인 순간을 잡지 못해서 실패한 것이다. 치밀하지 못하고, 야무지지 못하며, 냉정하게 행동하지 못한다. 어느 정도의 오기와 치열함이 필요할 때에도 그렇게 하지 못한 까닭에 실패를 맛보게 된 것이다. 결국 착해서 실패하는 것이 아니라 실패한 사람들의 변명이 "나는 너무 착해서 실패했다."로 끝나는 것이다.

전쟁은 정정당당하게 치러야 한다. 하지만 상대가 모든 준비를 끝마칠 때까지 기다려 줄 수는 없다. 그것은 정정당당함이 아니라 게으름에 더 가깝다. 느긋하고 미지근한 태도로는 어떤 것도 할 수 없다. 사람들은 성실이 최고의 덕목이라고 이야기하지만 성실만으로는 부족한 세상이다. 성실을 뛰어넘는 몰입과 집중, 그리고 투지가 우리를 성공으로 이끈다.

다시 말해 성공은 영리한 사람의 몫이다. 그는 어떤 식으로든 성공적인 결과를 만들 줄 알기 때문이다. 필요할 때에는 모두의 불만을 잠재울 수 있는 강력한 처방을 내리기도 하고, 그에 상응하는 보상안을 내놓음으로써 불만을 없앤다. 그들은 악독한 것이 아니라 승부의 원칙을 잘 알고 정확히 이용할 줄 아는 영리한 사람일 뿐이다. 빌 게이츠를 보라. 그는 독점으로 큰돈을 벌었지만 그렇게 번 돈으로 자선 행위를 하고 있으며, 결국 그는 전 세계인으로부터 엄청난 지지를 받고 있지 않은가. 어떻게든 승리하라. 그리고 나누라.

착한 것이 언제나 선한 것은 아닐지도 모른다. 모든 과정에서 착함으로 일관하다가는 그렇게 패배하고 만다. 우리의 삶은 전쟁이다. 이 속에서 승리하려면 우리는 때로 스스로를 잔혹하게 몰아세워야 할 때도 있다는 것을 잊으면 안 된다. 지금 우리 시대는 그런 사람들이 끌고 가고 있다고 해도 과언이 아니다.

세상을 보라. 실패자에게 스포트라이트를 건네는 사람은 아무도 없다. 실패자는 무능력자로 인식될 뿐이다. 하지만 성공자에게는 세상의 존경과 박수가 쏟아진다. 이것이 현실이다. 당신은 무엇을 선택하겠는가?

우선, 승리하여 권력을 장악하라. 그러면 자신의 힘으로 자신이 바라는 이상 사회를 구현할 수 있다. 경우에 따라 스스로를 채찍질하며 상황을 유리하게 이용할 줄 안다면 당신에게는 미래를 바꿀 수 있는 열쇠가 주어질 것이다. 얼마나 영리하게 삶을 살아가느냐에 따라 당신의 노력이 인정을 받을 수도 있고 그렇지 않을 수도 있다. 결정적인 순간, 당신의 망설임 없는 단호한 선택이 빛을 발할 것이다.

Niccolò
Machiavelli

32
잔인함으로 성공한 한니발 장군

　군주가 대군을 이끌 때에는 잔인하다는 악평에 신경 쓰면 안 된다. 그런 평판이 없다면 군대의 결속을 꾀하고 군사 작전을 펼칠 수 없기 때문이다. 카르타고의 명장 한니발은 수많은 인종이 뒤섞인 군단을 이끌고 이국에서 전쟁을 일으켰지만 전세가 유리하든 불리하든, 그의 군대 안에서 내분이나 반란은 전혀 없었다. 바로 한니발의 비인도적인 잔인함 덕분이었다. 덕성과 잔인한 기질을 함께 가진 그는 부하들에게 항상 숭고하고 두려워해야 할 인물로 보였던 것이다. 잔인함 없이 덕성만 가졌더라면 그는 그처럼 위대한 성과를 거둘 수 없었을 것이다.

　…… 사랑받는 것보다는 두려움의 대상이 되는 편이 훨씬 낫다. 본래 인간은 은혜를 모르고 변덕이 심하며 위선자에 뻔뻔한 데다가, 위험에서는 도망치려고 하고 물욕에 눈이 어두운 존재다. 그래서 군주가 은혜를 베풀 때는, 모든 이가 그의 뜻에 따르고 백성들은 피와 재산과 생명, 심지어 자기 아이들

까지도 군주에게 바친다. 그러나 이것은 그때뿐이고 막상 군주가 궁지에 몰리면 사람들은 등을 돌린다. 그들과의 약속을 믿던 군주는 다른 준비를 소홀히 해 멸망한다. 이처럼 숭고한 정신과 위대함으로 맺어진 우정이 아니라, 돈으로 산 우정은 그만큼의 값어치밖에 없으며 영원하지도 못해 필요할 때 힘이 되지 못한다. 또한 인간은 원래 사악하므로 은혜로 맺어진 애정은 자기 이해관계에 맞지 않으면 즉시 끊어 버린다. 그러나 두려워하는 자에 대해서는 처벌당할지도 모른다는 두려움을 느끼므로 그가 자신을 필요로 할 때면 모르는 척할 수 없다.

…… 군주는 자기 백성들을 하나로 뭉치게 할 줄 알아야 하고, 자기에게 충성을 바치게 하려면 잔인하다는 악평을 들어도 신경 쓰지 말아야 한다. 너무 자애로운 나머지 국가에 혼란을 불러 일으켜 시민들이 살해당하거나 약탈당하게 하는 군주와 비교한다면, 몇몇을 처벌하여 질서를 유지하는 잔인한 군주가 오히려 더 인자한 셈이다. _군주론_

성공의 방법은 여러 가지가 있을 것이다. 어떤 사람은 비인도적인 방법을 써서 잔인하게 성공할 수 있을 것이고, 어떤 사람은 따뜻한 마음으로 온정주의를 발휘해 성공할 수도 있다. 당신은 어떤 방법을 사용할 것인가? 아마 당신은 온정주의로 이룬 성공이 더 아름답다고 말할 것이다. 하지만 모든 방식에는 일장일단—長—短이 있다. 그 어떤 것도 완벽하지는 않다는 소리다.

잔인한 것도 문제가 있지만 늘 따뜻한 것도 문제가 있다. 사람과 사람 사이에 우정과 믿음이 사라지고 강압적이고 위압적인 폭력과 배신만 있다면 어떻겠는가? 혹은 그 어떤 것도 요구하지 못한 채 좋은 게 좋은 거라며 늘 이해하고 배려만 한다면 어떻겠는가? 이렇듯 두 가지 방식에는 모두 문제가 있다. 당신이 만약 성공을 하고 싶다면 단 한 가지 방식을 선택하되 문제점을 완전히 없애든가, 아니면 두 가지 방법을 적절히 혼합해 사용하는 지혜를 발휘해야 할 것이다.

카르타고의 정치가이자 장군이었던 한니발을 보라. 그는 부하를 대할 때 잔인하게 대하는 방식을 선택했다. 그 덕에 그는 여러 민족이 뒤섞인 대군을 무리 없이 통솔할 수 있었다. 왜 그랬을까? 그는 사람을 잔인하게 대할 때 발생하는 문제점을 이미 알고 있었으므로 그것을 최대한 제거하며 지휘했기 때문이다.

모든 사람에게는 이기적이며 변덕스럽고 비굴하며 멋대로인 면이 있다. 은혜를 알면서도 모른 척하며, 말로만 약속하고 행동으로 옮기지도 않으며, 강력한 제재가 없으면 도덕과 법을 어기기도 한다. 그렇기 때문에 때로는 힘과 권력으로 강력하게 대하는 것이 유효적절할 때가 있는 것이다. 배려와 이해, 공감과 포용을 알지 못하는 사람은 강하게 다루어야 오히려 더 좋은 성과를 낼 것이다. 이것이 일종의 한니발 방법이다.

사람들은 대체로 타인으로부터 좋은 사람이라는 평가를 받기 원한다. 하지만 좋은 결과를 얻기 위해서는 좋은 사람이라는 타이틀을 포기해야 할 때도 있다. 사람들로부터 받는 평판은 좋지 못할지라도 타인에게는 물론이거니와 스스로에게도 엄격하고 잔인해질 필요가 있다. 자녀에게 매를 드는 부모를 생각해 보라. 당장은 부모 마음이 찢어질 듯 아프겠지만 시간이 지나면 그것이 훨씬 더 자애로운 결과를 가져옴을 알 수 있다.

진정한 사랑이 있다면, 그리고 모두를 살리고 싶은 마음이 있다면 그런 평판쯤은 감수해야 한다. 그것이 옳은 선택이었음을 늦게 깨닫게 되더라도 말이다. 스티브 잡스가 좋은 사람이 되고자 직원들의 말에 항상 귀 기울였다면 그는 좋은 사람이라는 평판을 얻었을지 몰라도 오늘날의 애플은 존재하지 않았을 것이다. 우리는 결과를 생각하는 사람이 되어야 한다.

물론 본인의 성정이 다른 사람을 거칠게 대하거나 위압적으로 저지하는 것에 익숙하지 않은 사람이라면 이 방법이 문제가 될 수도 있다. 그것은 자기 자신을 속이는 행위와 같기 때문이다. 그러니 잔인함은 때와 경우에 따라, 그리고 본인의 성향을 잘 파악해서 전략적으로 사용하라. 또한, 늘 강하게 밀어붙이기만 하는 것으로는 사람들의 불만을 잠재울 수 없다는 것도 명심해야 할 것이다. 언제나 적절하게, 상황을 둘러보면서 사용하는 지혜가 요구된다.

더 좋은 것을 얻기 위해서는 좋은 것을 기꺼이 포기해야만 한다.
_케니 로저스

Niccolò
Machiavelli

33
무엇을
제거할 것인가

　지휘관에게 능력과 수단만 있다면 온화한 방법이나 잔인한 방법 중에서 어느 것을 취하든 상관없다. 두 가지 모두 결점과 위험이 있으나 뛰어난 역량을 가진 사람은 이 결점을 극복할 수 있기 때문이다.
　…… 남의 마음을 사는 데 급급한 자는 오직 세상의 웃음거리가 될 뿐이다. 반대로 세상의 두려움을 받으려는 자는 길을 잘못 드는 경우가 꽤 있으므로 미움을 받는다. 중용中庸의 길을 간다는 것은 더욱 어렵다. 그러므로 한니발이나 로마의 명장 스키피오 같은 훌륭한 무용武勇을 갖춰 이러한 폐해를 없애야 한다.
　…… 내가 말하고자 하는 바는 강해야 강한 상대를 누를 수 있다는 것이다. 한번 강하게 지시하면 나중에는 부드러운 태도를 보일 수 없다. 그러므로 마음이 강하지 못한 사람은 결코 강한 지시를 내려서는 안 되고, 일반적인 일은 너그럽게 처리하는 것이 좋다. 일반적인 처벌을 내리면, 설령 그것이 잘못된 것이라 해도 사람들은 군주보다는 법을 비난하기 때문이다. _로마사 평론

리더십만 충분하다면 리더가 구성원들을 상대할 때 어떤 방법을 쓰든 상관이 없다. 구성원들이 지닌 문제점들을 극복할 수 있는 방법과 노하우, 그리고 그의 능력만 출중하다면 아무런 문제없이 좋고 훌륭한 결과를 낼 수 있는 것이다.

결국, 사람을 대하는 방식은 어떤 것이든 좋다. 사람이 좋다, 나쁘다라는 평가에 얽매일 필요도 없다. 조직을 이끄는 수장은 조직의 생존을 책임질 수 있어야 하며 그렇지 않을 경우 그는 리더로서의 자격을 상실한다. 구성원의 수도 상관없다. 대통령이든, 회장이나 사장이든, 혹은 가정의 가장이나 학급의 반장이든, 좋은 결과를 얻지 못한다면 그 무엇도 의미를 가지지 못한다.

사람이 아무리 좋아도 조직이 무너지면 모든 것이 끝난다. 사람이 나쁘다는 평가도 조직을 위한 불가피한 조치라면 당연히 감수해야 한다. 오히려 그것이 악평을 감수하면서까지 조직 구성원 모두를 살리기 위한 용기 있는 결단이며 진정한 프로 정신이다. 우리는 결국 자신만의 방식으로 승부하면 된다. 오직 결과를 염두에 두고 행동해야 하고, 각 방식이 지닌 문제점을 확실히 제거할 수 있어야 한다. 그것이 리더의 절대적 책임이다.

예를 들어, 똑같은 전쟁에서도 리더의 성향에 따라 전혀 다른 행위를 할 수 있다. 마키아벨리의 《로마사 평론》에 따르면 만리우스라는 로마 장수는 굉장히 엄격했고 발레리우스라는 장수는 인정미가 넘쳤다고 한다. 성격이 정반대였음에도 불구하고 둘 다 승리를 얻을 수 있었는데 그 이유는 그들이 뛰어난 사람들이라 자기 리더십이 불러올 수 있는 문제점을 완전히 제거할 수 있었기 때문이었다. 그렇지 않다면 군대라는 조직은 무너지고 말았을 것이다.

이처럼 전혀 다른 행위를 하고도 똑같이 좋은 결과가 나온 것은 타고난 기질이 온화하거나 잔인하여 일관되게 행동할 수 있었다는 점, 필요 적절하게 잔인함을 사용할 줄 알고 온화함이 가진 폐해를 완벽히 제거할 수 있었다는 점 때문이다. 결국 어느 쪽이 뛰어나다고 할 수는 없으며, 자신의 성향에 맞는 방식을 선택해서 그 문제점만 제거할 수 있다면 되는 것이다.

다만 한 번 선택한 방식은 계속 그 길을 고수해야 한다. 중간에 다른 태도를 보이면 신뢰도가 떨어지며 그로 인해 리더십에 손상이 갈 수 있기 때문이다. 그러니 먼저 자신의 성향을 잘 파악하고 그에 맞는 방식을 선택하는 것이 중요하다.

로마의 귀족이면서 군인이었던 스키피오는 온화한 성정으로 부하들을 대했으나 부하들은 오히려 그를 우습게 여겼다. 반면 같은 시대의 장군이었던 한니발은 부하들을 대할 때 강하게 억압했기에 부하들은 그를 두려워하고 미워했다. 그러나 스키피오도 때에 따라 부하들을 엄하게 대할 줄 알았고, 한니발도 때에 따라 부드러운 카리스마를 발휘하면서 자신들에게 닥친 문제점들을 제거하였다.

결국 어떤 방식을 선택하든 성공에 이를 수는 있다. 가장 중요한 것은 문제점을 얼마나 효율적으로 제거할 수 있느냐의 문제이다. 성정은 참 좋아도 너무 물러서 사람들을 제대로 통솔하지 못하는 리더도, 강하고 약한 정도를 조절하지 못하여 상대방을 늘 제압하려고만 하는 리더도 제대로 된 리더십을 발휘할 수 없다. 결국 리더십의 문제는 개인의 역량 문제로 귀결된다.

당신 안에 있는 문제점을 제거하라. 그것이 당신이 발휘해야 하는 능력의 핵심이다.

Niccolò
Machiavelli

34
성인聖人은 아니지만

인간은 몹시 변덕스러운 존재이므로 자기 야심을 이룰 만한 작은 틈을 발견하면 인간적인 군주에게 느끼던 친애감을 곧 잊어버린다. …… 인간은 모두가 사악해서 자유롭게 행동할 수 있는 상황이 되면 사악한 본성을 마음껏 발휘해 보고자 틈을 노린다. _정략론

옛 로마의 십인회 사건은 선량하게 태어난 인간이나 교육을 받아 교양을 갖춘 인간이라 할지라도 매우 쉽고 빠르게 타락할 수 있다는 사실을 보여 준다. …… 이러한 점을 생각해 본다면, 공화국이나 왕국의 입법자들은 백성을 다스릴 때 인간의 욕망을 더욱 강하게 통제하거나, 욕망대로 행동해도 처벌받지 않으리라는 희망을 없애야 한다는 사실을 깨달을 것이다. _로마사 평론

사람은 꿈을 먹고 사는 존재이다. 그렇다면 사람들은 왜 꿈을 꾸는 것일까? 꿈을 이루면 모든 것을 가질 수 있다고 생각하기 때문이다. 젊은 청춘들이 젊음을 즐기지 않고 고군분투하는 이유도 모두 미래의 꿈을 이루기 위해서 그런 것 아닌가? 삶의 질은 잠시 포기하더라도 지금 열심히 뛰어야 미래에 더 나은 삶을 살 수 있다고 믿기 때문에 현재의 고통을 감수하며 젊음을 불태우는 것이다.

그런데, 그 '더 나은 미래'만 생각하고 현재는 보지 못하는 사람들이 있다. 회사에서 자신을 신임하여 많은 일을 맡기고 지지를 해주는데도 불구하고, 더 많은 보수와 더 확실한 미래를 보장하는 듯한 회사가 나타나면 가차 없이 이직을 한다. 은혜는 마음의 기쁨을 줄 뿐이지만 금전적인 이익은 내 삶에 실질적인 도움을 주기 때문이다. 그래서 사람은 단순한 은혜나 인간미보다 확실한 이익 앞에 흔들린다.

사람은 누구나 자기중심적으로 생각하기 마련이다. 자기 마음대로 세상을 바라보고 사람을 상대한다. 그러나 내가 바라보는 세상과 다른 이가 바라보는 세상은 같지 않고, 내가 생각하는 그도 내 생각과 같지 않을 것이다. 그럴 때는 내가 아닌 상대를 중심으로 생각하면 된다. 상대의 의도가 무엇인지를 상대의 입장에서 생각해 보는 것이 필요하다. 그렇게 해야 실수가 줄어든다. 자기의 생각대로만 판단하고 움직이면 망한다. 내가 생선을 좋아한다고 해서 고기를 좋아하는 사람에게 생선을 들이밀 수는 없는 노릇이다.

"사람은 선하다. 악할 수가 없다."라고 말하는 사람들은 자기 자신부터 생각해 보라. 이미 나 자신부터 내 안에 악한 마음이 있다는 것을 인정한다. 사실 인간은 감정적으로 너무 연약해서 매우 쉽게 타락할 수 있는 존재이다. 단 하루 만에도 급격한 감정의 변화를 겪을 수 있고 어떤 계기가 생기면 아무리 선량한 사람이라도 하루 만에 나쁜 사람이 될 수 있다. 그래서 우리는 교육을 중요시하며 사회의 법과 도덕을 가르친다. 강제적이지만 법률을 통해 사람들을 통제하기도 한다. 오직 자율적인 수양에만 사회의 질서를 맡긴다면 이곳은 곧 무법천지가 될 것이다.

사람은 약한 존재로, 장담할 수 있는 것은 아무것도 없다. 영원한 사랑을 약속한 연인들도 마음이 변하면 언제든지 헤어질 수 있는 것이 우리들 삶이다. 결국 우리는 이런 결론을 내릴 수 있다.

첫째, 사람을 지나치게 믿으면 안 된다. 그래서 우리는 계약서라는 장치를 이용해 변할 수 있는 사람의 마음을 묶어 둘 수 있는 실질적인 대비를 할 필요가 있다.

둘째, 따라서 우리는 사회적으로 약속을 지킬 수 있는 장치를 다양하게 강구해야 한다. 상대에게 피해를 줄 수 있는 행동에 대해서는 확실한 제재가 필요하다. 그래야 선량한 사람의 피해를 줄일 수 있기 때문이다.

셋째, 상대에게 피해를 주지 않도록 의식적으로 노력해야 한다.

더불어 삶을 완성해 가는 것이 우리네 사는 모습이다. 그런데 나의 이익과 꿈을 좇느라 상대와의 약속을 저버리거나 상처를 준다면 진정한 승리자라고 할 수 없다. 아름다운 사람까지는 아니더라도 미움받는 사람이 될 수는 없지 않겠는가.

더불어 살기에 더욱 힘겹고 상처가 많은 것이 삶일 것이다. 사람이 없으면 외로워서 괴롭고, 주변에 사람이 많으면 그 안에서 상처를 받는 일이 생겨서 힘들다. 사람을 상대하는 것은 쉬운 일이 아니다. 우리 모두는 다 나약한 존재이기 때문에 어쩔 수 없이 상처를 주기도 하고, 자신의 상처를 감추느라 급급하기도 하다.

부처와 공자, 그리고 예수와 소크라테스를 성인聖人이라고 하는 까닭은 그들의 사람 됨됨이가 우리와 매우 다르기 때문이다. 그들의 인격을 따라갈 수 있는 사람은 별로 없을 것이다. 그렇다고 해서 스스로 작아지고 자책할 필요도 없다. 사람에게 상처 입고 상처 주는 것이 어쩌면 자연스럽고도 당연한 인간의 모습일지도 모르니 말이다.

그러니 우리는 스스로의 나약한 감정에 흔들릴 필요가 없다. 나도 그런 현실 위에 있음을 알고 항상 상대방을 배려하도록 노력하면 된다. 그럴 때 삶을 좀 더 안전하고 떳떳하게 살아갈 수 있을 것이다.

35
절박함이
강한 힘을 불러온다

　고대의 장군들은 필요성이 얼마나 강한 위력을 가지고 있는지 잘 알고 있었다. 동시에, 부하들이 무슨 일이 있어도 싸워야 한다는 마음을 먹으면 공격력이 강해진다는 것도 알고 있었다. 그래서 부하들이 그런 마음가짐을 갖게 하려고 온갖 방책을 연구했다. 한편으로는 적이 필요에 쫓겨서 공격해 오지 않도록 연구하기도 했다. 그래서 고대의 장군들은 적이 죽기 살기로 공격하지 않도록 일부러 길을 열어 두거나, 반대로 아군이 이용하지 못하도록 길을 폐쇄하기도 했다.

　…… 영토가 좁은 공화국이 오랫동안 평화와 자유를 누리는 것은 불가능하다. 그 나라가 다른 나라를 공격하고 있지 않으면 다른 나라의 공격을 받기 때문이다. 다른 나라의 시달림을 받다 보면 다른 나라를 정복하고 싶다는 마음이 생기게 되고, 절박해지면 정복을 해야만 하는 처지가 된다. 만약 나라 바깥에 적이 없다면 오히려 내부에서 적이 생겨난다.

…… 이미 여러 번 말한 대로, 절박한 상황에서 힘겹게 행동을 하면 굉장한 성과를 거둘 수 있다. 어떤 철학자가 말하기를 수단과 말은 사람에게 명성을 가져다주는 가장 중요한 도구라고 했다. 그러나 이 두 가지를 갖고 있더라도 절박한 상황에서 모든 솜씨를 발휘하지 않으면 멋진 성과를 얻지도 못하고 잘 해낼 수도 없다. _정략론

로마 공화국의 내분은 태평한 세월이 불러온 한가로운 생활이 원인이 되었다. 반면 두려움과 전쟁은 로마인들이 일치단결을 일구어 냈다.

…… 로마 최고의 장군 중 하나인 카밀루스는 군대를 이끌고 베이의 수도를 침공하려 했다. 그는 적이 배수진을 치고 방어하지 않게 하여 도시를 손쉽게 빼앗고자 했다. 그래서 일부러 아군과 적 모두가 들을 수 있도록 큰 소리로 "무기가 없는 자는 털끝 하나도 해치지 말라."라고 외쳤다. 그러자 적군이 앞다투어 무기를 버렸고, 카밀루스는 거의 무혈입성했다. 그 다음부터 이 전략은 많은 장군들의 모범이 되었다. _로마사 평론

어떤 면에서 보면 인생처럼 잔인한 것도 없다. 인생의 근본적인 힘은 가장 힘들 때 가장 강력하게 발휘된다는 점을 생각해 보면 그렇다. 가장 힘들 때가 되어서야, 죽을 듯한 고생을 마쳐야만, 인생의 비참함에 새벽 늦게 홀로 눈물을 훔칠 정도가 되어서야 비로소 인생은 달라지기 시작한다. 조금 편하게, 약간은 느긋하게, 어느 정도 긴장감은 버리고 세상을 살 수 있다면 참 좋을 텐데 말이다. 그러나 역사를 살펴보면 편안하고 느긋한 상황에서는 인생의 승부를 눈앞에 두고도 힘을 낼 수 없다는 것을 알게 된다. 가혹한 환경 속에서 절박함이 용솟음칠 때에야 인생은 달라진다.

일을 능숙하게 한다는 것이 무엇일까? 과연 그런 것이 존재하기는 할까? 나는 그렇지 않다고 생각한다. 일이란 언제나 어려운 것이다. 어느 일을 오래 한다고 해서 그 일이 쉬워지거나 익숙해지지는 않는다. 여전히 어렵고 괴로우며 그 스트레스도 엄청나다. 결국 일의 본질은 스트레스를 받고 힘이 들더라도 그것을 이겨 가면서 밀고 나가야 하는 것이다.

그렇다고 해서 일이 늘 괴롭기만 한 것도 아니다. 분명 그 안에서 느끼는 즐거움과 보람이 존재한다. 이렇게 여러 가지가 혼재해 있는 것을 우리는 매일같이 해내고 있다. 지금 일이 제대로 되고 있지 않다면 스스로에게 "나는 지금 무엇 때문에 일을 하고 있는 것일까?" 하고 물어보라.

사람은 늘 편안하게 살기를 바라지만 어쩌면 풍요에 안주하는 순간 죽어 버리는 것이 삶일지도 모른다. 우리의 삶에서 안주나 편안함을 추구하는 것은 허락되지 않는 영역이다. 짧은 순간 그것을 경험할 수는 있지만, 그때 오히려 더 큰 위험이 닥치며 요행을 바라기 힘든 상황이 된다. 외부의 공격이 없으면 내부에서 문제가 들끓고, 그런 문제를 해결하면서 강하게 성장하는 것이 삶이다. 그런 요소들이 없다면 사람들은 게으름, 무료함, 공허함에 빠지게 될 것이다. 열심히 움직이지 않으면 위기가 오는 것이 바로 지금 우리가 살아 내고 있는 삶이다.

결국 절박한 자가 이긴다. 인생에서는 누가 얼마나 더 절박한가로 승부가 결정된다고 해도 과언이 아니다. 철학자들도 절박해져야 최고의 글이 나온다. 글을 써야만 하는 필요성, 이를 테면 당장 쌀이 떨어졌다거나, 아기 분유 값을 벌어야 하거나, 아내 병원비를 대야 하는 상황이 있을 때에야 비로소 최고의 글이 나오는 것이다.

전쟁 또한 누가 더 절박한가로 승부가 결정된다. 그래서 과거의 장군들은 자신의 군대의 퇴로는 차단하고 상대의 퇴로는 열어 두고자 했다. 상대방이 방심할 수 있는 여지를 주는 것이다. 결국 마음을 놓고 조금 편해졌다고 여기는 순간, 게임은 끝나는 것이다. 지금 힘들다면 오히려 당신은 축복의 순간에 서 있는 것이다. 힘든 삶을 살고 있는 사람에게 지금 축복의 삶을 살고 있는 것이라고 하면 분명 욕을 하겠지만 아이러니하게도 그것이 삶의 진실이다.

우리는 평생 절박함을 놓지 않고 살아야 한다. 참 피곤하겠지만 마음이 편해지는 순간 큰 위기가 닥치는 것을 너무나 많이 보아오지 않았는가. 지금 힘든 상황이라면 이 상황 속에서 강한 힘을 발휘할 수 있어야 한다. 어쩌면 지금 천우신조天佑神助의 기회를 맞고 있는 것일지도 모른다. 우리는 힘든 환경 속에서 투지를 발휘하고, 인생이 술술 풀리더라도 자기 마음은 풀지 않도록 해야 한다. 그렇게 자신에게 가혹하게 대함으로써 절박함을 유지해야 이길 수 있는 것이 삶이기 때문이다.

무언가를 간절히 원하면
온 우주가 그것을 이룰 수 있도록 도와준다.
_파울로 코엘료

Niccolò
Machiavelli

36
부드러움이 가장 강하다

　로마의 장군 카밀루스가 팔레리 주변을 포위한 적이 있었다. 이때 팔레리 시의 상류 가문 아이들이 다니는 학교 교사가 로마군의 환심을 사려는 마음에서 카밀루스의 진영으로 학생들을 데려갔다. 그러고는 카밀루스에게 은밀히 "이 아이들을 인질로 삼으면 팔레리를 쉽게 정복할 수 있습니다."라고 했다. 그러나 카밀루스는 교사의 말대로 하지 않고 오히려 교사를 발가벗겨서 묶은 다음, 학생들에게 매를 주어 실컷 때리게 하고는 시내로 돌려보냈다. 이 소식을 들은 팔레리 사람들은 카밀루스의 인간미와 순수한 기질에 큰 감명을 받고 로마군에게 항복해 버렸다.

　이 사례를 통해, 때에 따라서는 비정하지 않고 인간미 있게 행동하는 것이 사람들에게 훨씬 더 큰 호소력을 발휘한다는 점을 알 수 있다. 강력한 군대의 힘을 동원해도 함락시키지 못한 도시가, 인간적이고 관대한 행동 한 번에 굴복하는 일도 없지 않다.

…… 명령하는 사람은 신하가 교만해지지 않도록, 그리고 너무 친숙해진 나머지 주군을 짓밟지 않도록 해야 한다. 신하는 따뜻하게 대우하기보다는 엄벌로 다스려야 한다. 그러나 이렇게 하더라도 미움은 받지 않아야 한다. 어떤 군주건 증오를 받으면 결코 이롭지 않기 때문이다. _정략론

원래 인간은 상대방이 자신을 통제하려는 마음이 전혀 없다는 기색을 내비칠수록 자신을 더욱 내맡기는 법이다.

…… 한때 후덕한 인물로 평가받던 사람이 자신의 간악무도한 본성을 드러낸다면, 민중의 평가도 달라질 수밖에 없다. 목표를 이루기 위해 악한 본성을 내보이려는 자는 지금까지의 인망을 잃지 않도록 조심해야 하며, 한편으로는 아군을 많이 얻어서 자기 권위를 해치지 못하게 해야 한다. 군주들이 이와 반대되는 행동을 한다면, 악독한 본성이 폭로되어 아군이 사라지고 끝내 파멸하고 말 것이 자명하다.

…… 나는 군대를 써서는 안 된다고 생각하지는 않는다. 그러나 최후의 최후까지 참다가 마침내 모든 계책을 다 썼을 때에만 사용해야 한다고 생각한다. _로마사 평론

사람의 마음속에는 다양한 생각들이 존재한다. 자기만 알고 남의 은혜를 잊는 마음도 있고, 남을 시기하고 질투하는 마음도 있고, 아무런 이유도 없이 남을 괴롭히려는 마음도 있다. 어떻게든 남을 짓밟고 올라가려는 마음도 있고, 조금이라도 더 나은 조건을 제시하는 곳으로 옮기려는 마음도 있다. 남보다 잘살려는 마음도 있고, 남과 비교해 자괴감에 빠지는 등의 부정적인 마음이 있는가 하면 따뜻한 것에 감동받고 눈물을 흘리는 마음도 있다. 또한 인간에게는 양심이 있기 때문에 나쁜 짓을 함부로 하지 않으며, 어려운 사람을 보면 돕고 싶은 마음이 있고, 감동적인 장면을 보고는 진심 어린 눈물을 흘리며 격려의 박수를 보내고자 하는 마음이 있다.

그래서 사람을 대할 때는 두려움을 느끼게 대하는 것도 좋지만, 때에 따라서는 인간미 있는 행동을 보여주는 것이 훨씬 더 호소력이 있다. 사람에게는 힘으로 누르려고 하면 끝까지 저항하는 반면, 따뜻한 모습을 보여 주면 그 사람을 믿을 수 있다고 생각해서 쉽게 항복을 하고 모든 것을 내맡기는 특성이 있기 때문이다. 이것은 거센 바람으로는 사람의 외투를 벗길 수 없지만, 따뜻한 햇볕은 벗길 수 있는 것과 같은 원리이다.

리더라면 강력한 카리스마를 이용해 기강을 바로잡는 것이 필요하다. 하지만 그것이 지나칠 때에는 사람들의 반발심을 사게 되므로 적정선을 지키는 지혜가 있어야 한다. 영리한 사람은 평소에는 부드럽고 온화함을 유지하다가 필요한 순간 적절하게 냉정함을 사용한다. 하지만 우둔한 사람은 그 반대다. 냉정하고 잔인하게 일하다가 간혹 부드럽게 대해 주어도 결국 그는 사람들의 원망과 증오만 살 뿐이다.

사람을 대할 때나 일을 할 때에 가혹하고 잔인하게 구는 것, 혹은 전쟁을 일으켜 총칼을 휘두르는 것은 가장 마지막에 하는 것이 좋다. 이것은 서로의 상처가 커지는 행위이기 때문이다. 사람은 잔인함보다는 따뜻함에 더 크게 반응하는 존재이다. 이것은 사랑과 자비를 주장하는 종교를 보면 알 수가 있다. 진시황이나 칭기즈칸, 알렉산더는 예수나 부처처럼 많은 사람들로부터 추앙을 받거나 존경을 받지는 못한다. 힘에 고개를 숙이는 것은 그때뿐이고 결코 진심에서 우러나온 행동이 아니다. 그러나 아무런 힘과 권력도 가지지 못한 예수나 부처에게 고개를 숙이는 것은 그 진심에 마음이 움직였기 때문이다. 타국을 지배한 제국의 역사를 보더라도 식민지를 가혹하게 대한 나라치고 오랫동안 번영한 나라는 없었다. 상대방을 찍어 누르는 방식으로는 잠깐의 영화를 맛볼 수 있을 뿐이다.

사람을 힘으로만 누를 수는 없다. 사람을 대하는 가장 보편타당하고 확실한 법칙은 온화함과 부드러움에 있다. 이것이 사람의 마음에 더 많은 영향을 주고, 힘을 발휘한다. 최고의 리더십을 발휘하고 싶다면 사람의 마음을 움직여라.

37
우리가 잃지 말아야 할 것과 찾아야 할 것

 자유로운 공화국의 공기를 마실 때에는 로마인들도 고매하고 강력한 방책을 사용했다. 그러나 시간이 흘러 로마 제정이 시작되자, 황제들은 타락해서 밝은 태양 아래 전쟁터보다 그늘진 궁정의 생활을 사랑했다. 그래서 어떤 때는 파르티아, 어떤 때는 게르만, 또 어떤 때는 이웃 나라 사람들에게 돈을 주고 평화를 사게 되었다. 그것은 로마의 거대한 위엄이 무너지는 것을 암시했다. _정략론

 이미 말한 대로 혁신이란 본래 모습으로 돌아가는 것이다. 모든 종교며 공화국, 왕국 등은 애초에 올바른 힘을 가지고 있었다. 그 힘을 바탕으로 하면 창립되었을 때의 명성을 다시 떨치고, 발전의 원동력을 가질 수 있다.
 …… 창시 시대의 번영을 되찾는 것! 그것이 무엇보다도 중요하다.
 _로마사 평론

우리는 조직이 위기에 처했을 때, 문제가 있을 때 혁신을 이야기한다. 혁신의 본질이란 바로 초기의 모습대로 돌아가는 것이다. 처음의 모습, 이것이 왜 중요한가? 바로 그곳에서 초심을 찾을 수 있기 때문이다.

처음 시작할 때의 마음은 다들 대단하다. 처음 공부를 할 때는 단지 대학 입학을 목표로 하지 않는다. 슈바이처와 같은 위대한 의사가 되겠다거나, 반기문과 같은 세계에 공헌하는 유엔 사무총장이 되겠다거나, 에디슨이나 아인슈타인과 같은 놀라운 과학자가 되겠다는 꿈을 품는다. 그 마음으로 공부할 때는 쉽게 흔들리지 않는다.

그러나 시간이 지나면 자신의 한계에 부딪히고, 부조리한 사회 현실에 맞닥뜨리며, 노력의 괴로움을 알게 되면서 게으름과 타협하는 자신과 만난다. 결국에는 그냥 괜찮은 대학에 입학해서 괜찮은 회사에 다니면서 편하게 사는 것을 목표로 삼고 있는 자신을 발견하게 된다. 이른바 위기의 시작인 것이다.

이 위기를 이겨 낼 수 있는 방법은 바로 혁신, 그리고 초심을 회복하는 것이다. 국가도 그렇고 기업도 그렇다. 위기가 있다면 건국, 창업 초기로 되돌아가서 그때의 순수한 마음을 회복해야 한다. 처음의 그 마음이 중요한 것이다.

아무리 대단한 국가도, 기업도, 사람도 시간이 지나면 무너지게 마련이다. 현실과 타협하고, 처음에 가졌던 대단한 마음이 흔들리면서 몰락으로 향하게 된다. 이것은 인간의 태생적 한계 때문일지도 모른다. 사람이 가난할 때는 열심히 살아보겠다는 마음으로 밤낮없이 일을 하지만, 어느 정도 살 만해지면 나태해지기 시작한다. 이때 정신을 차리고 주의하지 않으면, 어느새 편한 삶에 젖어서 모아 둔 돈을 흥청망청 쓰고 결국에는 왕년에 쌓아 올린 탑을 무너뜨릴 수도 있다.

당신이 지금 위기감을 느끼고 있다면 처음 마음을 떠올려 보라. 초심, 그때의 마음으로 돌아가야 한다. 그때 가졌던 자신의 꿈을 떠올려 보면 지금의 삶에서 무엇이 어떻게 잘못되었는지 아는 데 도움이 될 것이다. 또, 피식 웃으면서 "그때에 비하면 지금 이건 별것 아닌데."라고 말할 수 있는 힘과 용기를 얻을 것이다.

하루하루가 힘들게 느껴지는 30대의 직장인도 자신의 초심을 생각해보는 것이 좋다. 자신이 20대 때 어떤 꿈과 뜻을 품고 공부를 했는지를 떠올린다면, 지금의 상황에 대한 분명한 이해와 앞으로 어떻게 살아가야 하는지에 대한 답도 확고하게 얻을 수 있을 것이다. 40대 직장인 역시 마찬가지다. 20대와 30대 때 가졌던 초심을 떠올리면 지금의 길에 대한 생각을 정리할 수 있을 것이다.

힘들다고 해서 현실에 파묻히지 말고 오히려 현실을 딛고 일어서야 한다. 그러기 위해서는 초심을 떠올리고, 저 멀리 있는 본질적 좌표를 보면서 인생 항해를 해야 한다. 그렇게 저 멀리 빛나고 있는 등대를 보고 이 칠흑 같은 어둠을 통과해 나가야지, 지금의 어둠 속에서 바로 앞만 보다가는 결국 한발도 나아갈 수 없게 된다.

초심을 잃지 않고 살아간다면 당신이 가야 할 길에 대한 장기적인 방향을 잃지 않는다. 평균 수명 80세를 넘어 이제 100세 시대를 바라보고 있다. 50대 혹은 60대에 자신의 꿈이 이루어지는 것도 나쁘지 않다. 우리는 죽을 때까지 현재진행형으로 계속 꿈을 만들어 가는 과정에 서 있을 뿐이다. 지금은 손에 잡히지 않아도 계속해서 자신의 꿈을 찾아 전진해 나가는 꾸준함이 필요하다. 이렇게 인생을 장기적으로 보고 목표의 방향대로 갈 수 있는 힘은 초심에서 나온다. 그러니 지금 위기라고 느껴진다면 신발 끈을 다시 조이고 초심을 향해 뛰어라. 그러면 당신은 최고의 상태로 뛸 수 있다.

모든 경영은 처음 마음을 유지할 수 있느냐로 결정된다고 해도 과언이 아니다. 평생을 고3 때처럼, 아니 고3 때의 80퍼센트 정도로만 공부해도 실패할 리가 없을 것이다. 결국 가장 열정적이었던 처음의 마음을 유지할 수 있는 자, 어떤 상황에도 흔들리지 않는 가슴의 힘을 가지고 있는 자, 그 자가 가장 위대한 삶을 살게 된다.

38
모두에게 평등한 세상

　선정이 펼쳐지는 국가에서는 아무리 훌륭한 공을 세운 시민이라 할지라도 죄를 지으면 결코 그냥 넘어가지 않는다. 선행 뒤에는 표창이 따르지만, 악행 뒤에는 형벌이 따를 뿐이다. 이러한 제도가 신앙의 힘으로 강화되어 있으면 그 나라는 오랫동안 안전과 평화를 누리지만, 그 반대라면 나라가 당장 멸망한다. 눈부신 공을 세운 시민이 나중에 우쭐해져서 범죄를 저질러도 아무 처벌이 없다면, 그는 더욱 오만해지고 언젠가는 모든 법률을 없애 버릴 것이 분명하다.
　…… 엄격한 형벌을 내려 범죄자를 두렵게 하고자 한다면, 국가에 공을 세우면 반드시 표창을 해 줘서 소홀하지 않게 대해야 한다. 나라가 아무리 가난하고, 아무리 상이 보잘것없더라도 아까워해서는 안 된다. _로마사 평론

어쩔 때는 화가 난다. 돈 있고 힘이 있는 사람들은 잘못을 해도 처벌을 받기는커녕 오히려 더 큰소리 내면서 잘만 사는 것 같다. 사학 비리가 일어나고, 횡령과 배임이 판을 치며 뇌물 거래가 횡행하고 인맥으로 인사가 결정되는 등, 온갖 비리가 사회를 뒤덮고 있다는 뉴스가 끊이지 않는다. 그런데 아무도 그런 문제를 지적하거나 바로잡으려 하지 않는다. 오히려 정의를 이야기하는 사람만 바보가 되고, 권력과 돈에 비굴하게 구는 사람은 승승장구하는 것이 현실이다.

이런 나라에서 희망을 이야기할 수는 없을 것이다. 아무리 돈을 많이 벌고 업적이 훌륭하다고 해도 잘못을 저지르는 것까지 감싸 준다면 어느 누가 법을 신뢰하고 정의를 실천하려 하겠는가. 이것은 시한폭탄과 같다. 수많은 위기상황이 언제 어디서 터질지 아무도 모르지만 그저 감추는 데 급급한 위기상황. 모두가 그런 식으로 살아간다면 언젠가는 그것이 당연한 것이 될 테고 그때는 돌이킬 수 없는 끔찍한 결과를 불러오게 될 것이 자명하다.

잘한 것에 대해서는 당연히 칭찬을 해야 하고 잘못한 것에 대해서는 그에 합당한 처벌을 받아야 한다. 그렇지 않으면 국가의 신뢰는 바닥에 떨어진 연과 같아질 것이다. 소수의 재벌이 을z의 입장에 있는 다수의 사람들을 함부로 대하면 서민은 도대체 어떻게 살아야 하는가? 기업과 나라에서 옳지 않은 방법으로 인사가 이루어지고 온갖 횡령과 배임이 발생한다면, 서민의 입장에서는 정당한 노력으로 승부를 할 생각이 들 리가 없다. 어떻게든 인맥을 만들고 실력보다 아부만으로 승진을 하려고 하지, 누가 피땀을 흘리며 일하려고 하겠는가? 어느 누가 열심히 공부하려고 하겠는가? 노력하지 않고 공부하지 않은 사람이 오히려 더 많은 대가를 가져가는데 말이다.

사람들이 사회의 성공 방식이 부당하다고 생각하면서 사회의 신뢰가 파괴되면 걷잡을 수 없는 결과가 초래된다. 정당한 승부를 믿지 않는 사람들은 자연스럽게 요행을 부리며 승부를 보려고 할 것이다. 그리고 열심히 노력해서 부자가 되려고 하기보다는 복권에 당첨되기를 바라거나, 부자와의 결혼을 바라거나, 부자들 옆에서 아부하면서 살려고 할 것이다. 그때에는 돈만 벌 수 있다면 수단과 방법을 가리지 않을 것이다.

이런 현상이 보편화되면 그 시대에 올바르다고 평가받는 지식을 간직한 교과서도 사람들에게 신뢰를 잃을 것이다. '교과서에서 하는 말은 모두 거짓말인데 공부해서 무엇하는가?'라고 생각하는 사람이 많아지기 때문이다. 이런 상황에서 국가의 미래는 없다.

그런데 사실 이것이 지금 우리 대부분이 하는 생각 아닌가? 이것을 바로 잡아야 한다. 그렇지 않으면 진짜 인재들이 모두 사라져 버린다. 정당한 노력을 기울이기보다는 아부와 줄서기, 요령과 편법으로 승부하는 사람들이 요직을 독차지하고, 사회의 리더라고 불리는 사람들은 끊임없이 자신의 배만 불리기 위해 탐관오리처럼 살게 된다. 이런 나라에 무슨 희망이 있고 비전이 있겠는가?

    우리나라는 이 문제를 바로 잡아야 할 상황에 처해 있다. 그러기 위해서는 국가와 온 국민이 합심하여 이 문제에 대한 대책을 마련하는 것이 절실하게 요구된다.

Niccolò
Machiavelli

39
운명까지 거는 짓은 어리석다

사람이란 자신에게 희망의 한계가 어느 정도 있는지도 모르는 채 실패해 버린다. 제 실력이 어느 정도인지 알아보려고 하지도 않고 그저 희망에만 기대를 품다가 결국 파멸로 끝을 맺는 것이다.

성공이 거의 확실하다고 여겨질 때라도 백성들의 자유 그 자체까지 내걸고 운명의 흐름에 몸을 맡겨서는 안 된다. 사려 깊은 사람이라면 누구든지 이런 모험에 함부로 뛰어들지 않는다. _정략론

군대를 모은 군주가 군자금이 부족한 상황에서 군대를 오래 유지하기 어렵다는 사실을 깨달았다 하더라도, 군대가 흩어지기 전이라면 거기에 자기 운명을 걸지 않을 수 없다. 우물쭈물하다가는 패배가 닥칠 것이 분명하지만, 결전에 임하면 승리할 수도 있기 때문이다. …… 전력을 다하지 않은 전투에 절대로 자기 운명을 맡겨서는 안 된다. _로마사 평론

세상은 냉정하고 냉혹하다. 경쟁의 연속이며 따라서 경기에 진 사람은 반드시 나오기 마련이다. 그런데 사람의 능력은 대개가 거기서 거기다. 고만고만한 사람들끼리 싸우는 꼴이니 경쟁이 치열하면 이기기 힘들고 패배의 가능성은 높아진다.

그러나 사람은 언제나 자기 자신이 남들보다 뛰어나다고 생각하는 존재이다. 실제로는 내세울 것이 없으면서도 자기 자신은 대단하다고 생각한다. 그래서 자신에 대한 오판을 하고, 무모한 희망을 품는다. 그렇게 자기 자신의 능력을 잘못 판단하면, 대개는 실패를 하고 만다. 인생에서 요행이란 불가능하기 때문이다.

흔히 운으로 이겼다고 하지만, 그것은 결코 맞는 말이 아니다. 운이라는 것도 결국에는 확률이다. 될 수 있는 자질과 능력을 충분히 갖추고 있는 사람이 수많은 시도를 한 끝에 성공하는 것이 운이고 확률이다. 결국 운도 실력이 있는 사람에게 따르는 것이다. 그러니까 평범한 사람은 승부에서 성공할 확률이 상당히 높다고 하더라도 만약 실패할 때 모든 것을 잃을 위험이 있다면 하지 말아야 한다.

불과 몇 년 전만 해도 우리나라는 부동산 붐이 한창이었다. 그때는 많은 사람들이 은행에 빚을 내서 아파트를 샀고, 실제로 많은 사람들이 큰 차익을 거두며 되팔 수 있었다. 그래서 이때 부동산을 구입하는 것은 성공 확률이 상당히 높은 게임이었다. 그런데 지금은 어떤가? 엄청난 가격 하락을 감수하고 집을 되팔거나, 그것조차 팔리지 않아서 불어난 이자를 감당하지 못하고 집이 법원 경매로 넘어가 알거지가 된 사람들도 많다.

아이러니하게도 사람의 일이란 한 치 앞을 알 수 없다. 아무리 분석을 한다고 해도 미래를 100퍼센트 정확하게 예측할 수 있는 사람은 아무도 없다. 이럴 때 성행하는 것이 점집이나 정신과이다. 인간의 이성으로 도저히 어떻게 해 볼 도리가 없는 사람들, 그래서 늘 불안한 사람들이 찾는 그곳 말이다.

인간은 늘 불안해하며 무엇에든 기대고 싶어 한다. 그러니 자신이 짊어질 수 있는 만큼의 위험은 감수하되, 만약 그것이 내 모든 것을 앗아 갈 정도라면 도전할 가치가 없는 것이다. 이것은 투자에서도 마찬가지고 삶의 모든 영역에서 벌어지는 선택의 문제에서도 마찬가지다.

그렇다면 모든 일은 도전할 가치가 없는 것일까? 잠시 마키아벨리가 즐겨 논하던 옛 로마 시대로 가 보자. 한때 로마와 지중해의 패권을 겨루다가 결국 로마에 패배해 멸망하고 만 카르타고라는 나라가 있었다. 멸망 직전, 바람 앞의 등잔불처럼 위태롭던 나라의 목숨을 조금이나마 더 지속시켜 준 장군이 있었으니 그가 그 유명한 한니발 장군이다. 그는 최대한 전쟁을 피하고자 로마에 평화를 제안했으나 거부당하자 결국 멸망을 각오하고 싸움에 임했다.

왜 그랬을까? 당시로서는 어차피 전쟁을 피할 수 없었고, 전쟁을 했을 경우 이길 승산이 전혀 없는 것은 아니었다. 또한 진다고 하더라도 명예로운 패배가 될 것이며 카르타고는 최선을 다했기 때문에 후회가 남지 않을 것이라고 생각했기 때문이다. 사람은 도전을 해야 할 때도 있다. 가만히 있으면 멸망을 피할 수 없을 경우, 그때는 반드시 도전을 해야만 한다.

지금 우리는 40대 이후의 삶을 보장받을 수 없는 시대에 살고 있다. 그렇다면 오늘날의 도전은 어떤 의미를 가지고 있는가? 가만히 있으면 안 되는 상황에 놓였다면 최대한 성공할 가능성이 있는 도전을 찾아 거기에서 결사 항전을 해야 한다. 마키아벨리가 "전력을 다하지 않은 전투에 절대로 자기 운명을 맡겨서는 안 된다."라고 말했듯이 최선을 다하지 않은 도전에 자신의 운명을 거는 것은 너무나도 어리석기 때문이다.

승부를 피할 수 없다면 결전決戰을 하되 최선을 다하라. 최선을 다하지 않은 승부에 자신의 모든 것을 거는 것은 매우 어리석은 짓이다. 우리는 매 순간순간을 그렇게 치열하고 열정적으로 살아야 한다.

Niccolò Machiavelli

40
사람은 재산과 명예, 사랑하는 사람만 있으면 그럭저럭 살아간다

  거듭 말하지만 군주는 경멸받거나 미움을 살 만한 일은 피해야 한다. 그렇게만 하면 군주의 임무를 성취할 수 있으며, 파렴치한 행위를 하더라도 큰 위험이 닥치지는 않을 것이다. 앞서 말했듯이, 군주가 사람들에게 가장 큰 미움을 사는 일은 신하의 재산을 빼앗거나 여자들에게 손을 대는 일이다. 그러한 점은 스스로 경계해야 한다. 인간은 재산과 명예만 빼앗기지 않는다면 그럭저럭 만족하며 살아가는 존재다.

  …… 군주가 시민의 재산이나 여자들에게 손을 대지 않으면 두려움의 대상이 되면서도 원한을 사지 않을 수 있다. 어쩔 수 없이 유혈 소동을 일으켜야만 할 경우에는 적당한 구실을 대면 된다. 그러나 인간은 아버지가 죽임을 당한 일은 잊을 수 있어도, 자기 재산을 잃은 것은 잘 잊지 못하므로 절대 남의 소유물에 손을 대면 안 된다. _군주론

두려움의 대상이 되는 것과 원한을 사는 일은 다르다. 두려움을 준다고 해서 원한을 사는 것이 아니고, 온화하게 사람을 대한다고 해서 원한을 사지 않는 것도 아니다. 원한을 사는 것의 본질은 바로 상대방의 재산과 명예, 사랑하는 사람에게 손대는 것이기 때문이다. 즉 어떤 방식으로 사람을 대하든 그 사람의 재산을 빼앗지 않고, 명예에 상처를 주지 않으며, 그의 사랑하는 사람에게 손을 대지 않으면 원한을 사지 않는다. 사람이란 그것만 있으면 큰 불만 없이 그럭저럭 살아가는 존재이기 때문이다.

그렇기 때문에 적당한 돈을 주고, 적절한 명예를 부여해 주면 일반적인 사람들은 큰 불만이 없다. 사랑하는 사람과 결혼을 하여 자식을 낳고 살 수 있다면 행복도 느낀다. 그러나 이 세 가지 중 하나라도 충족이 되지 않으면 큰 불만을 느낄 수밖에 없다. 돈이 없거나, 인격 모독을 받았다거나, 사랑하는 사람을 잃었다고 생각해 보라. 그때 느끼는 불만, 모욕감, 분노, 상실감 등은 상상을 초월하는 감정일 것이다.

사람은 먹고살 수 있어야 하고, 다른 사람들로부터 인정을 받아야 하며, 사랑하는 사람이 있어야 살아갈 수 있다. 이런 것들이 해결되면 모든 문제가 해결되는 것이다. 열심히 공부하고 일을 하는 이유도 돈을 많이 벌어서 사랑하는 사람과 행복하게 살고, 존경을 받지는 못하더라도 적어도 주위 사람들에게 무시는 당하지 않고 살려는 원초적인 본능 때문이다.

오늘날 자살이 늘고, 우울증 환자 수가 급증하며, 젊은이들이 무기력에 빠졌다고 하는 것도 결국 우리 사회가 인간의 기본적인 욕망을 충족시켜 주지 못해서 비롯된 현상일 것이다. 이러한 삶의 등뼈와 같은 문제가 해결되지 않으면 삶의 모든 것이 흔들리게 되는 것이다.

삶이란 매우 단순한 것일 수도 있다. 어느 정도의 돈과 명예, 그리고 사랑하는 사람만 있으면 그럭저럭 문제없이 살아갈 수 있으니 말이다. 그러나 한편으로 생각해 보면, 그럭저럭 꾸려 나가는 삶도 매우 어려운 것일지도 모른다. 매월 돈을 버는 것도 어렵고, 사람들에게 인정받는 것도 어려우며, 사랑하는 사람을 얻고 사랑을 유지하는 일 또한 매우 어렵다. 다시 말해서 인간의 삶이란 대단하게 보이지만, 속을 들여다보면 매우 단순한 틀을 유지하기 위해서 온갖 노력을 다하며 사는 것이고, 인간에게 있어 행복이란 작고 사소한 것에서 채워진다는 사실을 알게 된다.

재산, 명예, 배우자. 인간의 삶이 돌아갈 수 있게 만드는 이 세 가지를 위해서 국가와 사회, 그리고 개인의 노력이 뒷받침되어야 할 것이다.

삶에서 소소한 즐거움을 끊임없이 느끼는 사람은
행복한 삶의 비결을 가지고 있는 사람이다.
_아이리스 머독

41
동반성장의 지름길

　군주는 신하들의 충성을 얻기 위해 그들에게 명예, 풍족한 생활, 은혜를 베풀어 주어야 한다. 요컨대 군주는 신하들에게 다음과 같은 점들을 알려 주어야 한다. 우선 군주가 없으면 신하는 살아갈 수 없다고 생각하게 하고, 분수에 넘치는 명예를 주어 더 이상 명예를 바라지 못하게 하며, 충분한 재산을 안겨 주어서 그 이상의 재산을 탐내지 못하게 하고, 능력에 비해 더 높은 직책을 주어 변혁을 두려워하게 해야 한다.

　…… 군주가 용병을 고용해서 국가의 기틀을 마련했다면 안정된 미래를 보장할 수 없다. 용병은 통솔하기 어렵고, 야심만만하며, 규율도 없고, 충실하지도 않기 때문이다. 게다가 용병이 전투에 참가하는 목적은 얼마 안 되는 급료일 뿐, 다른 동기나 감정은 없다. 급료라 해도 군주를 위해 죽음을 각오할 만큼 액수가 크지도 않다. 동료들끼리 있으면 용맹한 듯하지만 적진에 들어가면 참으로 비굴하며, 평화로울 때에는 군주에게 충성하나 전쟁이 터지

면 사라져 버린다. 그러므로 용병을 고용한 군주는 평소에는 용병들에게 시달리고, 전시에는 적군에게 시달린다. 현재 이탈리아가 몰락한 원인은 오랫동안 자신들이 직접 군대를 키우기보다는 돈을 주고 고용한 외부의 용병대를 믿었기 때문이다.

…… 민중은 평화로울 때에만 군주의 필요성을 느끼므로, 군주는 그런 때의 민중의 태도만을 보고 그들을 판단해서는 안 된다. 평화로울 때, 죽음이 저 멀리 있을 때에는 모두가 군주를 위해 목숨이라도 바칠 듯이 말한다. 그러나 막상 위험이 닥치면 군주에게 충성하는 민중은 하나도 없다. 그러므로 현명한 군주는 백성들이 군주가 꼭 필요하다는 사실을 느끼도록 해야 한다. 그러면 민중은 언제까지나 군주에게 충성을 바칠 것이다. _군주론

　한국의 회사 조직이 큰 위기를 겪고 있다고들 한다. 40대가 되면 대다수가 명예퇴직을 당하는 현실 속에서 직장인들은 회사와 고용주를 믿지 못하고 그저 시키는 일만 하기에 급급하다. 그들이 게을러서도, 야망이 없어서도 아니다. 그저 그들은 회사가 자신의 앞날을 지켜 주리라 믿지 못하기 때문에 마음 둘 곳 없이 방황하며 떠도는 것이다.

　평생직장이라는 말은 사라진 지 오래다. 젊음을 바쳐 일해도 어느 순간 명예퇴직이다 뭐다 해서 하루아침에 책상이 사라진다. 회사에서 버림받고 가족에게 외면받는 가장들과 출산과 육아로 인해 경력이 끊긴 주부들이 늘어난다. 그러니 지금 회사를 다니고 있는 사람들의 심정이야 오죽하겠는가. 남의 일이 아니라 생각되니 자신의 미래를 생각하면 업무 집중도도 떨어지고 다른 가능성을 찾아 계속 기웃거리며 다른 자리를 찾아 헤맨다. 공부를 지속하거나 자기 사업을 준비하는 경우도 있지만 그건 상황이 좋은 사람들의 경우다. 주어진 일만 하기에도 벅찬데 미래에 대한 불안감은 점점 커져만 간다.

　회사라는 곳에 들어와서도 심리적 안정을 얻기보다는 오히려 불안을 느끼는 직장인들. 나라 구조상 자영업자들은 성공은커녕 먹고 살기도 힘든 상황이고 이직은 젊은 사람들에게도 벅찬 일이다. 그러니 회사에 붙어 있기는 해도 마음은 늘 콩밭에 가 있으니 업무 능력이 좋아질 리가 없다.

이런 상황이라면 기업도 제대로 돌아갈 리가 없다. 성장의 동력은 줄어들고 사람을 뽑아 놓으면 금세 자리를 박차고 나가니 회사로서도 손해가 이만저만이 아니다. 회사도 직원을 믿지 못하고 직원도 회사에 충성하지 않으면 건전한 기업 문화가 정착될 수도 없다.

직장인들에게 '회사는 나에게 꼭 필요한 존재'라는 사실을 인식시키지 못한다면 그들도 나름대로 살 길을 모색하려 들 것이다. 몇 년 전 자기가 근무하던 회사가 갖고 있던 우리나라 핵심 기술을 중국에 팔려고 했던 일당들이 잡힌 적이 있었는데 그들이 왜 그런 행위를 하려고 했는지를 생각해 보는 것이 필요하다고 여겨진다. 개인의 행동이라도 사회의 구조와 환경으로 인해 잉태되는 경우가 많음을 명심해야 한다.

오늘날의 직장인은 상당한 위기에 처해 있고, 회사에 대한 충성심을 기대하기 어려운 상황에 놓여 있다. 결국 이렇게 되면 회사는 회사대로 손해고, 직원은 직원대로 살기 어렵다. 결국 모두가 웃으며 일할 수 있도록 기업 측에서 최대한 고용 안정을 보장해 주는 것이 필요하다. 그리고 그것이 보편적인 문화로 자리 잡을 수 있을 때 국가의 미래는 달라진다. 사람들이 공무원 시험에 몰리는 이유는 단 하나, 고용 안정 때문이다. 언제나 편하게 일할 수 있는 세상을 만드는 것, 그것이야말로 개인과 사회 전체의 행복을 위한 길이다.

42
공격이 최선의 방어인가

어느 나라건 항상 안전한 방책만을 취할 수는 없으며, 오히려 항상 불완전한 방침을 택해야 한다. 지금 고난을 피했다고 해서 다음에 고난이 없으리라는 법은 없기 때문이다. 그러므로 사려 깊은 사람이라면 여러 가지 고난의 성질을 살펴서 최대한 해가 적은 방책을 택해야 한다. _군주론

세세하게 따져 보면, 나쁜 일 하나를 제거하면 반드시 또 다른 나쁜 일이 생기기 마련이다. 군주가 민중의 인구를 늘리고 무기를 쥐어 주어서 자신의 주권을 강하게 하는 데 이용하려고 한다면, 나중에 민중은 지배자가 감당해 내지 못할 존재가 되어 버린다. _정략론

우리는 어떤 수단이 가장 덜 불편한지를 충분히 검토하고 결정해야 한다. 세상에 완전무결하거나 해악이 전혀 없는 방책은 존재하지 않으므로, 불

리한 점이 적은 것이 가장 좋은 수단이다.

…… 어떤 책략을 여러 방면에서 검토하고 그 불리함과 위험을 따진 결과, 효과보다도 폐해가 많을 것 같다면 논의가 끝도 없이 이어지더라도 결코 이를 택해서는 안 된다. _로마사 평론

　　순수함을 좇아야 한다는 말과 현실적이어야 한다는 말은 양극단에 놓여 있지만 모두 옳은 말이다. 이 둘을 동시에 취하면서 사는 것이 바로 중용中庸인데, 그것은 쉬운 길이 아니지만 우리가 반드시 시도해야 할 것이기도 하다. 비교적 젊은 나이에는 생각과 포부를 크게 가지기 쉽고, 따라서 크고 화려한 생각을 하게 되며, 약간의 가능성이 보이면 일단 모든 것을 걸고 시도하는 경우가 많다. 하지만 그런 무모한 시도는 기대에 못 미치는 결과를 가져오는 경우가 많고, 그러면서 사람은 성장하고 신중해진다. 좋은 것이 다 좋은 것이 아니며, 그 속에는 가시도 존재한다는 것을 알게 되는 것이다. 또한 화려하지 않고 위험해 보여서 가기 꺼려지던 곳에도 오히려 기회가 있음을 발견하게 되면서 새로운 가능성을 보는 눈을 갖게 된다. 젊을 때는 패기로 살아가고 나이가 들면서는 신중함으로 살아가는 것이다.

　　실패는 사람을 지치게 만들기 마련이다. 몇 번은 웃으면서 털어 내고 일어설 수 있을지 몰라도 계속해서 그런 경험을 하게 되면 번뇌煩惱가 쌓이면서 어떤 의욕도 일으키지 못하는 상태가 되기도 한다. 아무리 천하장사라도 연속으로 패배를 경험하게 되면 승리의 팡파르를 울렸던 기억은 희미해지고 어느새 부정적인 생각이 가득 차게 된다.

　　그러므로 차분한 마음으로 실상을 면밀히 따지면서 신중히 행동해야 한다. 승부에서 이겼을 때 얻을 수 있는 이점만 생각하면서 사리 분별을 잃어버리는 모습을 보여선 안 된다. 오히려 승부에서 이겼을 때의 문제점과 승부에서 졌을 때 발생할 수 있는 문제점에 대해서 면밀하게 따져 보는, 방어력이 매우 강한 사람이 되어야 한다. 사실 이런 삶은 재미가 없을 수도 있다. 감정을 차분하게 가지고, 문제점을 면밀하게 따져 보며, 얻을 수 있는 이익보다 잃을 수 있는 손해를 계산해야 하기 때문이다. 성취했을 때 느낄 수 있는 좋고 들뜬 기분보다는 조금 우울하고 침울한 감정을 가지고 현상을 바라보아야 하는 삶이기도 하다. 그러나 우리는 인생을 신중하고 안전하게 살아야 한다. 단 한 번의 승부에서 모든 것을 잃을 수도 있기 때문이다.

'공격이 최선의 방어'라는 말은 새로운 도전을 계속 해 나가는 와중에 가장 좋은 성과를 낼 수 있다는 뜻으로 해석할 수 있다. 그러나 공격을 하더라도 너무 출혈이 크면 돌이킬 수 없는 결과를 맞을 수밖에 없다. 그렇기 때문에 현명하게 도전을 해야 하는 것이다.

우리는 도전을 하고 좋은 성과를 거두어서 잘 살아야 한다. 그러나 언제나 폐해를 검토하는 습관을 들여야 현실적이고 용감하면서 진심에서 우러나오는 진정한 도전이 될 수 있다.

43
친구와 적을 확실하게 구별해야 한다

군주는 자기가 누구를 지지하고 누구를 적대시한다는 것을 명백히 밝힐 때 대단히 큰 존경을 받는다. _군주론

군주는 반역자에게 은혜를 베풀거나 아니면 그를 말살하거나 둘 중 하나를 선택해야 한다.

…… 결국 세력이 강하고 옛날부터 독립과 자유를 누리고 있던 도시의 운명을 결정할 경우, 완전히 파괴할 것인지 아니면 회유할 것인지 둘 중의 하나를 선택해야 한다. 그 밖에는 어떤 대책을 세워도 아무런 도움이 되지 않는다. 오히려 이때 가장 피해야 하는 것은 어중간한 조치이다. 그것만큼 치명적인 것은 없다.

…… 어정쩡한 조치란 친구를 만드는 것도 적을 섬멸하는 것도 아니다. 이러한 조치는 내가 앞서 말한 바와 같이 나랏일을 위태롭게 만든다. _로마사 평론

인간관계는 언제나 내 마음대로 되지 않아 어렵다. 나라면 충분히 인정하고 수긍할 일을 다른 사람은 다르게 받아들이는 것이다. 그래서 어디를 가든 나와 맞지 않는 사람을 만나게 된다. 그래서 사람들은 갈등이 힘겨워서, 아니면 갈등까지는 아니어도 자기와 맞지 않는 사람을 대하기가 껄끄러워서 늘 고민을 거듭한다. 그렇다면 그럴 때는 어떻게 해야 할까? 친하게 지내기 위해서 의식적으로 노력해야 할까? 일단 노력을 하는 것은 바람직하지만 모든 사람이 나와 친해질 수는 없다. 또, 세상에는 나와 생각이 달라 말 자체가 통하지 않는 사람도 있는데 그와 친해지는 것은 노력만으로 될 일이 아니다. 그렇기 때문에 사실상 나와 맞지 않는 사람과는 관계를 포기하는 것도 어찌 보면 현명한 일일 수 있다. 그리고 친하지 않는 사람과 어정쩡한 관계를 맺는 것보다 자기의 기준에 의해 색깔을 확실하게 정하는 것이 좋을 수도 있다. 그래야 자기 마음에도 확신을 가지고 그를 대할 수 있기 때문이다.

사람 사이의 관계란 결국 친구 아니면 적이다. 중간 지대도 있지만 그것은 나와 관계를 맺지 않았거나 그리 깊은 관계가 아닌 사람들이 존재하는 영역이다. 그런 면에서 사람 관계를 둘로 나누어서 명확하게 대하는 것이 마음이 편하고 합리적이라고 볼 수 있다. 나도 헛된 기대를 하지 않을 수 있고 상대도 편하다. 또, 괜한 헛심을 빼지 않기 때문에 에너지도 절약할 수 있다. 만약 회사에서 자기와 정말 맞지 않는 사람을 매일 보아야 한다면, 친밀한 개인적인 이야기는 하지 않고 그저 업무적으로 대하면 될 것이다. 물론, 이 말은 할 수 있는 온갖 노력을 다해 본 상태에서 하는 말이다. 살아보면 알겠지만 자신의 노력만으로 절대로 친해지지 않는 사람이 있으며, 그때는 차라리 노력의 한계를 인정하는 것이 정신 건강에 좋다.

사람은 복잡한 것을 단순한 것으로 정리하려는 존재이다. 즉 A라는 사람은 나와 맞는 사람 혹은 나와 맞지 않는 사람으로 정하지, 나와 맞기도 하고 안 맞기도 한 사람으로 생각하지는 않는다는 말이다. 만약 후자처럼 생각한다고 하더라도, 결국에는 그 무게추가 조금 더 쏠리는 쪽으로 결정해 버리는 존재가 인간이다. 그래서 대부분의 사람들은 친구 아니면 적이라는 사고방식으로 사람을 대하고 있고, 우리는 그 현실을 인정해야 한다.

적을 친구로 만들고 싶다면 노력을 하되 그렇게 노력해도 안 된다면 그 사람은 적이라고 인정하면 된다. 심지어 예수마저 적이 있었음을 생각한다면, 적이 있다는 건 부끄러운 것이 아님을 알 수 있다. 적은 누구에게나 있으며, 그것이 당연하다. 그리고 적은 적에 알맞게 대해 주면 된다. 즉 상대를 지나치게 믿거나, 기대감을 가지고 대하는 일은 하지 말아야 한다는 말이다.

우리는 인간관계에 있어서 친구와 적을 확실하게 정해야 한다. 그렇게 깔끔한 관계일 때에만 힘을 발휘한다. 어정쩡한 관계는 어디로

튈지 모르는 럭비공과 같아서 미래에 대한 예측을 불가능하게 만들고 심리적으로도 불안정한 상태가 되게 된다. 인간관계는 명확해야 하고, 심리적인 안정감이 있는 토대 위에서 진행되어야 내가 원하는 관계의 이상향을 만들어 갈 수 있다. 그렇지 않다면, 늘 관계의 희생양이 되어 상처받고 괴로워할 수밖에 없다. 결국 진정한 관계, 진정으로 안정감 있는 관계를 원한다면 친구와 적을 명확히 구별하는 태도를 지녀야 한다. 그런 태도가 친구는 더욱 공고鞏固한 관계로, 적에게는 피해나 상처를 입지 않는 관계로 이끌 것이다.

44
강력한 힘을 발휘하는
세 가지 키워드

군주는 짐승의 성격, 그중에서도 여우와 사자의 성질을 적당히 배울 필요가 있다. 사자는 책략의 함정에 빠지기 쉽고 여우는 늑대를 당해 내지 못한다. 반대로, 여우는 함정을 알아차리고 사자는 늑대의 혼을 뺄 수 있다. 그저 사자의 용맹만을 믿고 안심하는 자들은 이 점을 잘 모른다.

…… 재위 기간이 3개월이 채 되지 못했던 로마 황제 페르티낙스는 병사들의 뜻을 거스르고 황제로 선정되었다. 당시 병사들은 암살된 전前 황제인 코모두스 치하에서 멋대로 생활하던 터였는데, 페르티낙스가 규율을 적용하려 하자 참을 수가 없었다. 그래서 새 황제는 원한을 샀고, 그는 이미 고령이었기 때문에 경멸을 받기도 했다. 그래서 그는 제위에 오르자마자 피살되었다. 생각해 둘 것은, 악행뿐 아니라 선행도 사람의 원한을 부를 수 있다는 것이다. 그래서 군주가 나라를 보전하려면 가끔 나쁜 일도 해야 했다. 군주가

자기 자리를 지키기 위해서 자기편으로 삼아야 할 필요가 있다고 판단한 백성, 병사, 귀족 등의 집단이 있을 것이다. 그런데 만약 그 집단들이 부패했다면, 그들의 욕구를 채워 주기 위해 군주도 나쁜 풍조에 물들 수밖에 없는 것이다. 이런 경우 선행은 군주의 적이 된다.

…… 민중에게 어떤 일을 설득시키기는 쉬워도 그들의 마음을 계속해서 잡아 두기는 어렵다. 그러므로 말로 되지 않으면 힘으로 믿게 하는 대책을 세워야 한다. 옛 지도자들인 모세, 키루스, 테세우스, 로물루스 등을 보라. 만약 그들에게 무력이 없었다면 민중이 그들의 율법을 오랫동안 지키게 할 수는 없었을 것이다. 한때 피렌체 시민들의 정신적 지도자나 다름없었던 수도사 지롤라모 사보나롤라는 과격한 개혁으로 민심을 잃었다. 대중들이 그 수도사의 말을 믿지 않게 되자, 그는 자기가 만들어 놓은 새 제도와 함께 망해 버렸다. 그에게는 자기를 믿었던 민중을 끝까지 잡아 두고, 믿지 않는 자들의 믿음을 얻는 수단이 없었다. _군주론

사람은 본능대로 살고자 하는 존재이다. 편하게 살고자 하고, 몸의 요구를 들어주기 위해서 기꺼이 수고를 감내하는 존재이다. 오늘날 세계 경제를 지배하고 있는 자본주의는 인간의 본능을 충족시켜 주는 것들에 의해서 발전되어 온 역사라고 해도 과언이 아니다. 전기, 컴퓨터, 비행기, 스마트폰까지! 이 모든 것들이 인간의 본능을 충족시키기 위해서 나온 것이다. 걸어 다니면 힘드니까 자동차가 나왔고, 사랑하는 사람의 목소리를 듣고 싶은데 그것을 더 편하고 쉽게 들을 수 있도록 만들어준 것이 전화였다. 밤에도 일을 하고 싶고 거리를 걸어 다니고 싶은 바람을 들어준 것이 바로 전기였다. 하늘을 날고 싶다는 꿈을 충족시켜준 것은 비행기였으며, 한여름에도 오랫동안 신선한 음식을 먹을 수 있도록 해준 것은 바로 냉장고였다. 본능대로 살기 원하며, 더 편하고, 더 아늑하고, 더 안락한 삶을 갈망한 대중은 이 본능을 들어주는 사람에게 기꺼이 돈을 지불했다.

그런데 이 본능 중에는 건전한 것도 있지만 그렇지 않은 것도 있다. 또, 우리가 당연히 겪어야만 하는 불편함도 싫은 것으로 느끼게 하는 문제를 낳기도 했다. 그래서 비록 동기가 선하더라도 인간의 본능에 반하는 조치가 내려지면 사람들은 반발했다.

그렇다면 좋은 뜻에서 한 일이라도 남에게 원한을 사면 하지 말아야 하는 것일까? 그렇지는 않다. 옳은 일이기 때문에 해야 하고, 그렇게 하지 않으면 더 큰 폐해가 발생하기 때문이다. 결국 사람들에게 자신이 하는 일은 좋은 의도임을 알리는 것이 필요하다. 그러나 사람은 입에 쓴 좋은 말은 들으려 하지 않고, 지금 당장 달콤한 본능적 쾌락에 탐닉하는 존재이다. 따라서 아무리 자신의 선의를 외쳐도 잘 통하지 않을 가능성이 크다. 그렇다면 어떻게 해야 할까?

결국 말을 듣지 않으면 듣게 할 수 있는 힘이 필요하다. 만약 국가에 힘이 없으면 자연스럽게 정부의 권위가 하락하고 공권력도 약해진다. 국민들도 힘 없는 국가의 말을 무시하며 자기 살 길을 찾느라 바빠진다. 이렇게 되면 정부는 국민에게 어떤 제재도 할 수 없기 때문에 그야말로 무법천지가 되어 버린다. 몇 해 전 지진이 난 아이티의 경우에도 공권력이 제대로 발동되지 않아 사람들이 구호품을 약탈하고, 서로 빼앗고, 부녀자를 강간하는 등 무법천지의 모습을 보여 주었다. 나는 그것이 아이티에 국한된 경우라고 생각하지는 않는다. 왜냐하면 인간의 본질은 시공時空을 초월해 변하지 않는 것으로, 과거의 사람이나 지금의 사람이나, 외국에 있는 사람이나 우리나라에 있는 사람이나 마찬가지이다. 그러므로 그런 상황만 되면 혼란은 어디서든 얼마든지 일어날 수 있다.

결국 아이티에서의 일은 남의 일이 아니라, 우리 안에 있는 마음의 본질을 보여 준 하나의 예에 불과한 것으로 이해를 해야 한다. 오늘날 선진국으로 선망받는 미국, 유럽, 일본 등의 나라라도 어느 날 큰 재앙이 닥쳐 국가의 공권력이 제대로 작동하지 않으면 아무도 국가를 따르지 않을 것이다. 마찬가지로 기업의 사장도 월급을 줄 수 없을 정도로 힘이 없으면 아무도 그를 따르지 않는다. 가장家長의 경우에도 무능력하면 권위는 땅에 떨어져 버린다. 국가, 기업, 가정을 막론하고 그 조직의 수장首長이 객관적인 힘이 없으면 아무도 그를 따르지 않으며 그 누구도 존경하지 않는다. 그것은 당연한 것이다.

이것은 국제관계에서도 마찬가지이다. 강대국은 대개 강력한 군대가 있기 때문에 다른 나라가 함부로 침략하지 않는 것이지, 그렇지 않다면 어느 나라든 호시탐탐 기회를 노릴 것이다. 옛 조선이 당했듯이, 약한 나라를 집어삼키려는 나라는 침략을 하기 전에 온갖 협박을 통해 그 나라의 이권을 차지한다. 그렇게 하면서 약소국의 국부國富가 강탈당하고, 힘을 잃게 된다. 즉 군대라는 객관적이 힘이 없으면, 모든 것을 잃고 마는 것이다. 국제관계에서도 힘을 발휘할 수 있는 것은 말을 잘하는 외교 덕분이 아니다. 웃음 뒤에 강력한 주먹을 숨기고 있음을 상대가 알고 있기 때문에 호의적으로 대하는 것이다. 그렇지 않다면 종이호랑이에 불과한 미소 따위는 금방 무시를 해 버릴 것이다.

 지도자의 경우 힘이 있으면 강제할 수 있지만, 힘만으로는 안 되고 전략도 필요하다는 점도 기억을 해야만 한다.

사람은 본능에 따라서 사는 존재라고 볼 수 있다. 그렇기 때문에 본능을 충족시키는 것은 지지를 받고, 그렇지 않으면 원한을 산다. 설령 좋은 의도라도 인간의 본능에 반하면 사람들에게 원한을 받게 되기 때문에 그것을 강제할 힘이 필요하다. 그리고 힘이 있다는 전제하에 책략도 필요하다. 사자의 힘과 여우의 꾀가 힘을 더해야만 더욱 효과적인 성과를 낼 수 있기 때문이다. 우리는 본능, 힘, 꾀라는 키워드를 기억해야 한다.

Niccolò
Machiavelli

45
무엇에 집중하고
무엇을 포기할 것인가

　우리 시대에 위대한 업적은 인색하다는 평을 듣는 사람들만이 이루어 냈다. 예를 들어 교황 율리우스 2세는 교황이 될 때까지는 관대하다는 평판을 이용했다. 그러나 교황이 되고 나자 전쟁을 치르기 위해 평판이 떨어져도 신경 쓰지 않았다. 현재 프랑스 국왕 루이 12세는 오랫동안 절약한 덕에, 국민에게 과도한 세금을 매기지 않고도 몇 차례나 전쟁을 치렀다. 현재 에스파냐 국왕 페르난도 5세를 생각해 보면, 만약 그가 관대하다는 평판을 들었다면 과연 그렇게 많은 전투에서 승리를 거둘 수 있었을까?

　그러므로 군주는 백성에게 금품을 약탈하지 않기 위해서, 자기를 지키기 위해서, 가난해져 경멸을 받지 않기 위해서, 탐욕을 부리지 않기 위해서 인색하다는 평판에 개의치 말아야 한다. 이것은 지배자의 지위를 얻는 하나의 악덕이다.

　…… 혹자는 "옛 로마의 카이사르는 씀씀이가 관대하여 지극히 높은 자

리에 앉지 않았던가?" 하고 반박할 수 있다. 이에 대해 나는 이렇게 말하고자 한다. 이미 군주가 된 사람인가, 혹은 앞으로 군주가 될 사람인가에 따라서 다르다고 말이다. 이미 지배자의 위치에 앉은 자라면 관대한 행동이 해가 될 것이다. 그러나 미래에 지도자가 될 예정인 사람이라면 관대해 보일 필요가 있다. 카이사르는 권력을 추구하던 사람이었다. 그가 권력을 손에 얻은 다음에도 그 낭비벽을 고치지 않았더라면 아마 그 정권은 무너져 내렸을 것이다.

_군주론

시공을 초월해서 가장 크고 강력한 힘을 지닌 사람들의 공통된 특징은 사활을 걸고 돈을 아끼며 지켰다는 것이다. 그러기 위해 온갖 방법을 강구했음은 물론 국가의 모든 인재들의 지혜를 총동원했다. 그들은 어떤 위기가 닥쳐도 극복할 수 있도록, 어떻게든 조직이 굴러갈 수 있도록 하기 위해 돈이라는 수단을 훌륭히 이용했다. 창의적인 방법으로 돈을 아꼈으며 그 힘을 바탕으로 전쟁을 일으키고 새로운 사업을 벌여 세계적인 정복자로 우뚝 서기도 했다. 지금도 마찬가지다. 오늘날 세계 최고의 기업이라 불리는 구글도 초창기에는 돈을 아끼기 위해 사활을 걸다시피 했으며 그것은 그들에게 성장의 동력이 되어 주었다.

돈이란 기회의 원천이다. 돈이 있어야 기본적인 생활은 물론이고 사업도 할 수 있다. 심지어 효도도 돈이 있어야 할 수 있다는 말이 있을 정도다. 쓸데없는 낭비를 줄여서 모인 돈은 진짜로 써야 할 곳에 쓸 수 있는 힘을 가져다주기도 한다.

기업가는 돈으로 움직이는 사람이므로 모든 부분에서 지독한 구두쇠가 되어야 한다. 물론 이 말은 사람들에게 지불해야 할 월급을 깎거나, 복리 후생을 낮추라는 말이 아니다. 이 돈은 군인에게 지급되는 실탄과 같은 것으로, 우수한 인재나 훌륭한 사업 기획안에 투자하기 위해 아껴야 하는 것이다. 큰 사업을 하는 사람이든, 동네에서 구멍가게를 하는 사람이든 마찬가지다. 쓸데없이 새는 돈을 막고 꼭 필요한 곳에 쓰기 위하여 언제나 대비해야 한다. 그렇게 실탄이 장전된 총을 가지고 있는 군인은 어떤 전쟁에서도 살아남을 수 있고 자신은 물론 동료도 구할 수 있는 것이다.

그러니 인색하다는 평판을 듣는 것쯤은 감수해야 한다. 평판과 결과 중에서 어떤 것이 중요한가? 진정 중요한 것은 실질적인 결과와 내실이다. 좋은 평판과 호감, 혹은 멋있게 보이는 것은 차후의 문제이다. 명품백이나 좋은 차, 넓은 평수의 집이 중요한가? 현실적으로 대한민국에서 저런 소비를 할 수 있는 사람은 몇 되지 않는다. 그런데도 우리는 저런 외형에 집중하느라 중요한 것을 놓치는 경우가 부지기수다. 다른 사람들의 시선을 신경 쓰고 겉멋에 치중하는 사람은 내실을 다지기 힘들며 큰 위기가 닥쳤을 때 대처하기 어렵다.

진짜 중요한 것을 찾아라. 그것은 눈에 잘 보이지 않을 수도 있다. 허름한 차림새는 전혀 중요하지 않으며 그가 얼마나 삶을 열심히 살아가고 있느냐, 얼마나 부지런하게 저축하며 내실을 다지고 있느냐가 중요하다. 과거에 한 국가의 왕이라고 해서 그들이 호화롭게 살았을 것 같은가? 그렇지 않다. 오히려 그들이 더 근검절약하며 작은 돈에도 관심을 기울이면서 꼼꼼히 소비하는 모습을 보이기도 했다. 그래야만 제대로 된 국가 경영을 할 수 있었고, 전쟁 같은 큰 위기를 대비할 수 있었기 때문이다. 그들이라고 좋은 것 즐기고, 먹고, 누리고 싶지 않았겠는가? 그러나 그들은 순간의 욕구를 참을 줄 알았고, 인색하다는 평판도 내실을 위해서는 기꺼이 감수해야 하는 것으로 생각했으며 그 결과 국가를 제대로 경영할 수 있었다.

　우리들의 삶, 가정, 기업도 마찬가지로 내실을 추구해야 한다. 남의 이목을 끄는 것은 하루뿐이고, 남에게 자랑하는 것도 길어야 며칠이다. 그러나 그 삶을 감당해야 하는 기간은 평생이다. 또한 삶이란 끊임없이 자기와 대화를 나누는 시간이다. 타인의 부러움을 사기 보다는 자신의 긍지를 지키며 스스로에게 떳떳한 행동을 할 때, 우리의 삶은 멋지게 빛날 것이다. 결국 내실이다. 속이 꽉 차야 한다. 그것이 모든 삶에서 필요하다.

가지고 싶은 것이 있더라도 꼭 필요한 것만 사며 소소한 지출을 삼가라.
작은 구멍이 거대한 배를 침몰시키는 법이다.
_벤저민 프랭클린

46
망각과
각인

위인들이라 할지라도 새로 은혜를 베풀어 옛날의 원한을 깨끗이 씻을 수 있다고 생각하면 큰 착각이다. _군주론

어떤 왕에게 나라를 빼앗아 새로 군주가 된 자라면, 옛 왕을 살려두는 것이 얼마나 위험한 일인지 알아야 한다. 옛 왕에게 은혜를 베풀어서 호의를 얻는다 해도 아무 소용도 없다.
…… 새삼스럽게 은혜를 베푼다 해도 묵은 원한은 결코 없어지지 않는다. 묵은 원한과 비교해서 그 은혜가 작다면 더더욱 그렇다. _정략론

공화국은 예전에 나라로부터 심한 위해를 당한 사람에게는, 어떤 역할을 맡기거나 중요한 일을 주지 않도록 충분히 주의해야 한다. _로마사 평론

사람은 즐겁고 행복한 기억은 쉽게 잊고 말지만 힘들고 괴로웠던 기억은 가슴에 묻어 두는 존재다. 특히 다른 사람에게 받은 고통은 납득하거나 받아들이지 못하기 때문에 더욱 그렇다. 자신의 잘못으로 피해를 입으면 스스로를 타이르며 위로하지만 다른 사람의 잘못으로 힘들고 고통스러운 일을 당하게 되면 두고두고 그것을 곱씹으며 잊지 못하는 것이 인간이다.

그렇다면 은혜란 어떤가? 그것은 고맙고 감사하며, 사람을 따뜻하게 대해 주고 도움을 주는 것이다. 또한 사람에게 인간의 따뜻함을 알게 하고, 세상에 대한 신뢰감을 가지게 하며, 올바른 삶에 대한 다짐을 불러일으킨다. 그러나 은혜가 원한과 다른 점은 이것이 쉽게 망각되는 영역에 존재한다는 사실이다. 현실의 어려움 속에서 사람들은 자신이 입은 은혜는 깊숙이 묻어 둔 채로 생활에 집중한다. 물론, 은혜를 기억하기 위해 의식적인 노력은 하겠지만 어디까지나 노력일 뿐, 뼛속 깊이 새겨진 것은 아니다. 은혜를 기억하는 것은 자연스러운 본능이 아니라, 노력해서 머리로 떠올려야만 가능한 일이다. 은혜를 갚는 자가 드물고 그대로 잊히는 경우가 많은 까닭이다.

원한은 그 반대다. 노력이 아닌 본능에서 나오기에 매우 강력한 힘을 내뿜으며 인간은 복수를 하면서 강한 쾌감을 느낀다. 어떤 분통

터지는 일을 당하고도 되갚아 줄 수 없으면, 인간은 상상을 초월하는 억울함, 답답함, 분노 등을 느낀다. 그런 자가 내 적이 된다면 아주 골치 아프게 된다. 그렇기에 애초에 원한을 쌓거나 증오를 느끼게 할 만한 행동을 하지 않는 것이 중요하다. 한번 크게 엎질러 버린 물은 절대 주워 담을 수 없듯이 사람의 마음에 원한이 쌓이면 그것을 다시 회복하는 것은 거의 불가능하다고 봐야 한다.

사람은 나쁜 감정은 뼛속 깊이 새기고 잊지 못하는 존재다. 인간관계가 어려운 이유가 여기에 있다. 우리는 모두 각자의 생활 방식에 따라 저마다의 성향을 지닌 채 살아가고 있다. 그러다 보니 언제 어떻게 상대방에게 상처를 줄지 모르고, 언제 어떻게 상대방이 나에게 실망할지 모르며 살아가는 것이다. 내가 의도하지도 않고 의식하지도 않았는데 상대의 기분을 상하게 했거나 심지어 원한을 쌓았다면 얼마나 놀랍고 억울한 일인가. 삶을 살아가는 데에는 많은 지혜와 노력이 필요하다. 나를 알고 남을 이해하는 것이 시작이며, 누군가에게 큰 원한을 샀다면 그 관계에 대해서는 기대를 접을 줄도 알아야 한다.

인생이 어떻든 상관없이 인간은 복수를 꿈꾼다.
_폴 고갱

Niccolò
Machiavelli

47
경제적 손익을
잘 따지는 자가 살아남는다

영토를 넓히는 데 정신이 팔려서 국력을 키우는 데 소홀한 군주에게는 파멸이 기다릴 뿐이다. 계속 전쟁을 일으켜서 나라 재정이 휘청거리게 만든 군주는, 설령 승전을 거두었다 하더라도 얻는 것보다 잃는 것이 더 많다. 그러므로 그 나라의 국력이 강해지는 것은 기대할 수조차 없다.

…… 로마는 전쟁에 몹시 집중했으므로, 전쟁 비용이 덜 나가는 방법을 찾는 데 심혈을 기울였다. 그 결과, 그들은 어떤 도시를 점령할 때 되도록 포위전을 피하는 경향을 보였다. 왜냐하면 포위전은 군비가 많이 들었고, 실행할 때도 여러 가지 불편한 점이 생겨서 도시를 점령하더라도 이익보다 손해가 더 컸기 때문이다. _정략론

전쟁은 왜 하는 것인가? 비즈니스는 왜 하는 것인가? 우리는 왜 행동하는 것인가? 그것은 저마다의 목적이 있기 때문이며 그 목적의 중심에는 반드시 이利가 있기 마련이다. 그런데 이것은 무시한 행동은 온전한 결과를 가져오지 못한다. 이기는 데에만 정신이 팔려 전쟁을 벌이고 물자를 마구 쏟아 붓는다면, 승리 후에도 국력 회복을 기대하기 힘들다. 그것은 일, 사랑, 우정에서도 마찬가지다. 이익이 없는 행동, 경제적인 계산 없는 행동을 하면 곤란하다.

모든 생활은 경제의 논리로 움직인다. 일단 경제력이 뒷받침되지 않으면, 모든 것은 의미를 잃고 만다. 아무리 거룩하고 위대한 일이라도 돈이 되지 않으면 할 수가 없다. 그 일을 하는 동안 기본적인 생활은 가능해야 하지 않겠는가? 따라서 경제 논리를 존중하는 것은 습관처럼 몸에 배어 있어야 한다. 늘 어떻게 하면 비용을 덜 들이고 좋은 성과를 낼 수 있을지, 어떻게 하면 좋은 성과를 더 편하게 낼 수 있을지를 생각해야 하며 노력과 비용 대비 효용 가치가 떨어지는 일은 과감히 포기할 줄도 알아야 한다는 것이다.

결국 칼 마르크스가 말한 것처럼 삶은 유물사관唯物史觀을 떠나서 존재할 수 없다. 우리 사회의 정치 문화적 특징은 생산 양식에 의해 규정되고, 생산 양식은 생산력의 발전에 대응하여 변혁된다는 그의 주장처럼, 돈이 없다면 삶의 모든 것이 뒤틀어지는 반면에 돈이 생기면 삶을 보는 시각 자체가 달라지는 것이다.

돈이 없다고 생각해 보라. 필연적으로 사회 갈등이 일어날 것이고, 이 문제를 해결하기 위해 전쟁이 벌어지기도 한다. 역사를 돌아보면 약탈과 식민지 개척도 결국 남보다 더 많은 자원을 손에 넣기 위해 벌어진 일들이다. 결국 인간의 삶이란 거창하게 보여도 통장 잔고가 비게 되면 모든 것이 허물어져 버린다. 그래서 경제 문제로 인해 범죄도 일어나고, 우울증 환자도 생기며, 심지어 자살까지 하는 사람이 나오는 것이다.

나이가 들수록 악착같이 돈을 벌려는 사람들은 삶에서 돈이 얼마나 큰 비중을 차지하는지 안다. 젊은 사람들의 눈에는 안쓰럽거나 못마땅해 보일 수도 있지만 돈에 있어서는 타협의 여지가 존재하지 않는다는 것을 명심해야 한다. 돈은 우리 생활을 책임져 주는 가장 기본적인 것이다. 그러니 우리는 좀 더 열심히 해야 하고, 어떻게든 결과를 맺어야 하며, 어떤 식으로든 문제를 극복해 내야 한다. 만약 지금 있는 자리에서 힘들어 다른 곳으로 가더라도 경제적 문제는 해결을 해야 하는 것이 우리들의 삶이다.

삶이란 누구에게나 비겁하고 비굴한 것이다. 진짜보다 가짜가 더 인정을 받기도 하고 실력이 아닌 요행으로 요직을 차지하는 경우도 비일비재하게 일어난다. 그러나 위기가 오면 진짜가 자신의 진가를 증명할 수 있다. 23전 23승이라는 빛나는 전공을 세운 이순신 장군을 생각해 보라. 그는 평화시에는 변방을 떠돌며 정계에서 크게 주목

받지 못했다. 그러나 임진왜란이 일어나자 가짜들은 모든 전쟁에서 패했으나 이순신만은 자신의 진가를 증명하였다. 만약 임진왜란이 발발하지 않았다면 어쩌면 이순신은 역사에 기록되지 못한 장수가 됐을 수도 있다.

그러나 일단은 강한 사람이 살아남는다. 살아남기 위해서는 경제관념이 있어야 하고, 결과를 만들어야 하며, 열심히 뛰어야 한다. 40대의 가장이 명예퇴직을 하고 나서 어떻게든 가족들을 먹여 살리기 위해 죽기 살기로 돈을 버는 그런 태도와 자세로 말이다.

48
인생이 쓰는
서사시를 보기 원한다면

　위대한 로마의 장군 카밀루스는 "임시 독재 집정관이 되었다고 해서 특별히 용기가 나는 것도, 추방당했다고 해서 용기가 꺾이는 것도 아니었다."라고 말했다. 이 말을 보면, 위대한 인간은 어떤 환경에서도 항상 변치 않음을 알 수 있다. 운명 덕분에 높은 지위에 앉거나 혹은 고난을 겪을 때에도, 위대한 인물들은 변함없는 불굴의 마음을 보였다. 그러한 생각이 생활 태도에 반영되어 있었기에, 모든 사람의 눈에 운명은 그 위대한 자들에게 아무런 영향도 끼치지 못한 듯이 보였다.

　반면 약한 인간은 행운을 만나면 자랑스럽게 우쭐해진다. 그러면서 그 행운이 자기 실력 덕분이라며 터무니없는 주장을 펼치고, 주변 사람들에게 미움을 받으면서 아니꼬운 존재가 된다. 그러다가 얼마 가지 않아 운명이 뒤바뀐다. 그들의 표정에는 그것이 역력히 드러나며, 순식간에 태도가 바뀌어서 나약함으로 빠져 들고 비굴해진다. 이런 군주는 역경을 만나면 도망칠 궁리부터 한다. 그러면서도 행운을 만났을 때에도 평화로운 상태를 잘 살리지 않고, 방비에 대해서도 전혀 생각하지 않는다.

…… 행운을 만나면 우쭐해지고, 역경에 빠지면 의기소침해지는 태도는 그들의 생활 태도나 교육에서 생겨난다. 교육이 천박하면 사람들도 천박해지고, 교육이 그 반대라면 사람들도 전혀 달라진다. 세상사를 더 깊게 알게 되고, 상태가 좋을 때도 우쭐해지지 않으며, 재난을 만나도 비탄에 잠기지 않는다. _정략론

로마인은 패배해도 의기가 꺾이지 않고, 이겨도 거만해지지 않는다.

…… 연약하고 겉치레에 연연하는 교육을 받으면 그러한 인간이 될 것이고, 다른 교육을 받았다면 다른 인간이 될 것이다. 좋은 교육을 받으면 세상 돌아가는 이치를 더 잘 알 것이고, 행운에 취하거나 역경에 절망하는 일도 별로 없을 것이다. 이러한 원리는 개인뿐만이 아니라 공화국의 민중들에게도 해당된다. 인간을 완성하는 것은 오직 그들의 생활 방식에 달려 있다. _로마사 **평론**

대부분의 사람들은 힘든 일을 만나면 풀이 죽고, 막막해하며, 불안에 떠는 등 의기소침해지기 일쑤다. 하지만 위인들은 아무리 큰 일을 만나도 흔들리지 않고, 일희일비하지 않는다. 무엇이 이런 차이를 가져오는 것일까?

그것은 바로 마음가짐의 차이다. 흔들리지 않는 마음을 가진 사람들은 다시 할 수 있다는 자신이 있고, 그 믿음을 따라서 열심히 하다 보면 다시 기회가 온다는 것을 잘 알고 있기 때문에 어려움에도 무릎 꿇지 않고 자신만의 길을 꿋꿋이 걸어갈 수 있는 것이다. 그들도 실패를 겪지만 넘어져도 실천의 힘으로 그저 툭툭 털고 일어선다. 에이브러햄 링컨을 보라. 그는 대통령에 당선되기 전, 사업에도 실패하고 선거에는 수없이 떨어졌다. 하지만 그는 풀이 죽어 집에만 있지 않았다. 근사하게 이발을 하고, 맛있는 음식을 먹었으며, 친구를 만나 대화하고 만나는 사람들에게 밝은 얼굴로 인사를 건넸다. 그렇게 긍정적으로 실천했기에 그는 어려움을 극복하고 다시 기회가 찾아왔을 때 잡을 수 있었다.

보통 사람들은 좋은 일을 만나면 우쭐해져서 지나치게 들뜨다가도 조금만 좋지 않은 일을 만나면 이내 실망하고 풀이 죽는다. 자신의 힘으로 인생을 주도하는 것이 아니라 상황에 따라 끊임없이 흔들리는 삶을 살아가는 것이다. 그래서 그의 삶은 늘 불안하고 불안정하며 언제 어떻게 될지 모르는 시한폭탄과도 같다. 그러나 인생에는 언제나 기복이 있다. 항상 좋을 때도 없고, 항상 나쁠 때도 없다. 어떤 상황에 처하든 한결 같이 자신의 일을 해 나가는 뚝심이 필요한 것이다. 자신의 힘을 믿으며 어디에 처하거나 흔들리지 않는 사람이 될 때, 나만의 인생을 만들어 갈 수 있다.

어쩌면 미래에 대한 수많은 계산이 자신을 더 힘들게 하는지도 모른다. 그냥 덮어놓고 우직하게 최선을 다하면 되는 것을, 끊임없이 미래를 걱정하느라 흔들려서 지금 해야 할 모든 일을 놓치고 마는 것이다. 어쩌면 눈코 뜰 새 없이 바빠서 흔들릴 틈도 없는 사람이 더 나을 수도 있다.

이러한 뚝심은 교육과 습관에 의해 만들어진다. 누구나 비슷한 천성을 타고 나는데 상황을 마주 대하는 자세가 다른 이유는 습관에서 찾을 수 있다. 누구나 흔들리지만, 노력으로 극복하고 계속 모든 일에 대해 덤덤하게 대처할 수 있는 태도를 연습한 결과 흔들리지 않는 강한 마음이 만들어진 것이다. 책과 강의, 스스로의 노력이 거친 삶 속에서 일희일비하지 않는 힘을 길러 준다. 그것이 바로 교육과 습관의 힘이다.

진정한 교육은 지식 전달로 끝나지 않는다. 어떠한 시련에도 쓰러지지 않고 불굴의 투지로 자신의 신념과 생각을 밀어붙일 수 있는 힘을 가르쳐 주는 것이 바로 진정한 교육이다. 이러한 강인한 정신력만 있으면 어떤 환경에서도 크게 일어날 수 있기 때문이다. '할 수 없다'

가 아니라 '어떻게든 해내겠다'는 마음가짐이 필요하다. 물론, 쉬운 일은 아니다. 인간인 이상, 상황과 심리상태에 따라 흔들릴 수밖에 없기 때문이다. 그렇지만 상황에 끌려다니지 않고 자신이 주도하는 인생을 살고 싶지 않은가? 내가 내 삶을 만드는 것이지 주변의 여건이나 나라의 상황 등이 내 삶을 만드는 것이 아니다. 그러니 바깥의 환경에 흔들리지 않도록 끊임없는 트레이닝을 하라.

위대한 사람은 어떤 환경에 처해도 우쭐하거나 주눅 들지 않는다. 반면 보통 사람은 쉽게 자만하고, 쉽게 포기하려 들기 때문에 기분에 따라서 인생을 살게 되는 것이다. 그렇게 하다가는 자칫, 갈피를 잡지 못하고 상황에 휘둘려 인생의 뿌리마저 흔들릴 수 있다. 비록 힘들고 괴롭더라도 내면의 힘을 가지고 살아야 한다. 근본적으로 흔들리지 않는 힘, 상황에 일희일비하지 않는 힘, 좋은 상황이 와도 나쁜 상황이 와도 결코 이 상황이 영원하지 않을 것이라는 믿음을 가지고 살아야 한다. 그런 마음을 가지고 인생을 살 때, 내가 내 인생을 주도할 수 있고, 내 인생이 쓰는 서사시를 보게 될 것이다. 우리는 스스로의 힘으로 인생의 어려움을 타파해 나가는 진정한 승부사가 되어야 한다.

인간이 위대한 이유는 자기 자신은 물론
환경을 뛰어넘어 꿈을 이루어 내는 능력이 있기 때문이다.
_툴리 C. 놀즈

Niccolò
Machiavelli

49
0.01초의 차이는 어디에서 오는가

완전히 처음 만나는 상대, 특히 평판이 높은 적과 싸워야 할 때가 있다. 명장이라면, 결전을 벌이기 전에 가벼운 싸움을 해서 부하에게 적의 힘을 시험해 볼 기회를 줄 필요가 있다. 전초전을 치러 보고, 적의 실력을 파악해 상대를 다루는 방법을 알아 두면 적의 명성에 겁을 집어 먹은 아군의 사기를 북돋울 수 있다. 장군에게 이 점은 몹시 중요하다. 다시 말해서, 장군은 전초전을 치러 부하들의 공포를 해소시키지 않으면 패배할 수도 있다는 사실을 인지하고 전쟁에 임하는 것이다.

…… 전투에서 이기기 위해서는 군대에 자신감을 줘서, 무슨 일이 있어도 이겨야 한다는 신념을 지니게 해야 한다. 자신감은 군대가 훌륭한 무기를 갖추고 잘 짜여져 있는 것과 병사가 서로의 마음을 알고 있다는 것, 이 두 가지에서 생긴다. _정략론

갈리아인에 맞서 싸웠을 때, 로마군 사령관은 잡인이나 싸움을 못하는 사람들 모두에게 투구와 무기를 주고 말에 태워 정규 기마병 같은 차림새를 만들었다. 그러고는 이들을 언덕 뒤에 대기시켰다가, 접전이 최고조에 이르렀을 때 바로 뛰어 나와 적에게 모습이 보이도록 했다. 이 전술은 계획대로 진행되었고, 공포를 느낀 갈리아인은 결국 패배했다.

…… 그러므로 훌륭한 장군이라면 적어도 두 가지 일에 신경 써야 한다. 하나는 새로운 방책을 고안해서 적의 간담을 서늘하게 하는 일이고, 둘째는 적의 계략을 예견해서 먼저 그 뒤를 치는 것이다. _로마사평론

　무슨 일을 하든지 자신감이 중요하지만 이 힘은 그저 머릿속으로 생각한다고 해서 생기는 것이 아니다. 마음먹은 대로 할 수 있는 객관적인 힘에서 나오는 것이 자신감이다. 따라서 자신감을 갖기 위해서는 언제나 합리적인 근거가 필요하다. 누구나 인정할 수 있는 실력, 그것이야말로 진정한 자신감이 아닐까?

　대부분의 사람들은 조금만 좋지 않은 일을 겪으면 금세 풀이 죽는다. 자신감이 확 꺾이는 것이다. 아무리 강심장이라고 해도 면접에 수십 번이나 떨어진다고 생각해 보라. 주눅 들고 말이 없어지는 것은 시간문제다. 그러나 이것은 누구나 겪을 수 있는 시련이다. 이때에는 자신의 경쟁력이 무엇인지를 냉정하게 생각하고 그것을 토대로 밀고 나가면 된다. 연속되는 실패를 겪고 있다면 무엇이 잘못된 것인지 되짚고, 그것을 토대로 확실히 성공할 수 있도록 승화해야 한다.

　결국 모든 승부의 승패 여부는 자신감이다. 이것은 자신의 본질적 장점을 정확히 인식할 때 발휘될 수 있다. 누구나 장점과 특기가 있지만 아직 발견하지 못했을 뿐이다. 자신이 잘하는 것이 무엇인지, 핵심 역량이 무엇인지, 남들이 따라올 수 없는 자신의 본질적인 면이 무엇인지 등을 냉철하게 따져 보라. 그러면 그런 객관적인 힘으로부터 자신감이 나오게 된다. 얼른 그것을 찾아 예리하게 갈고 닦을 일만 남았다. 그때에는 그 누구도 상대할 수 없는 최고의 무기를 든 장군으로 태어나게 되고 자신에게 맞는 정확한 로드맵을 따라 길을 걸을 수 있게 된다.

최상위권에서의 경쟁은 사실 큰 차이가 없다. 실력이 비슷비슷한 그들은 사소한 것에서 승패가 결정된다. 올림픽의 달리기나 수영의 경우 0.01초 차이로 메달 색깔이 달라지는 것을 우리는 숱하게 보아 오지 않았는가. 비슷한 실력을 가진 상황에서 가장 중요한 것은 심리적 요인이다. 할 수 있다는 생각과 할 수 없다는 생각, 작은 생활 습관이나 특징 등의 요인들이 결정적 차이를 만들어 내는 것이다. 기억하라. 1등과 2등의 차이는 언제나 심리적 요인으로 결정된다.

자신감이란 하루아침에 만들어지는 것이 아니지만 한번 만들어진 자신감은 쉽게 흔들리지 않는다. 그것은 오랜 시간 누적되고 축적되어 누구도 건드릴 수 없는 힘을 낸다. 단 한 번 성공해서 크게 자신감을 얻거나, 단 한 번 실패해서 크게 자신감을 잃을 일은 없다. 결국 가장 중요한 것은 평소의 노력을 통해서 객관적인 실력을 쌓아 가는 것이다.

어떤 승부든 자신감이 없으면 이길 수 없다. 자신감이란 자신을 믿는 것으로, 주술적인 힘을 발휘하기도 한다. 그리고 이 자신감은 그냥 자신이 믿는 것으로는 도저히 안 된다. 자신을 믿기 위해서는 현실적이고 합리적인 조건이 뒷받침되어야 하고, 그렇기 때문에 평소의 노력이 절대적으로 중요하다. 열심히 생활하는 시간이 수년 간 쌓여야 자신감을 가질 수 있다.

로마는 하루아침에 만들어지지 않았고, 부자는 망해도 3대는 간다. 모든 것은 하루아침에 이루어지지 않는다. 해도 해도 안 된다는 생각이 들면 중간에 포기하고 싶어질 수도 있다. 그러나 로마 장수들이 전초전을 치르며 적에 대한 공포심을 없애고 자신감을 키웠듯이, 지금의 꾸준함과 작은 시련들도 튼튼한 자신감을 일구어 가는 전초전이라 생각하라. 그 시간이 쌓이면서 그 다음 인생을 이끌어 간다. 자신감의 본질도 같다. 평소의 힘이 자신감을 형성하고, 그 자신감이 그 다음의 결정적인 승패를 가른다. 확고한 자신감은 인생을 이끄는 핵심 열쇠이다.

인생에 완전한 만족이란 없다.
그저 자신이 찾고자 하는 것을 위해 하루하루 노력하는 삶이 모여서 참된 인생을 만든다.
_요한 W. 폰 괴테

Niccolò
Machiavelli

50
질투심은 선량한 인품이나 시간만으로는 극복되지 않는다

남들의 질투심을 억누르기 위한 두 가지 방법이 있다. 하나는, 질투하는 자에게 아주 어려운 상황을 만드는 것이다. 그러면 누구나 신변의 위협을 느끼고, 자기 야심은 뒤로 한 채 자신을 위기에서 구해 줄 만한 용맹한 인물에게 복종하고자 마음먹기 때문이다. 그 다음 방법은 명성이나 권력을 둘러싼 당신의 경쟁자들을 멸망시키는 일이다. _정략론

가령 때를 잘 만나서 덕망 있는 경쟁자가 목숨을 다 한다면, 그는 아무 문제없이 성공할 것이다. 그러므로 다른 이에게 힘을 행사할 필요도 없이 자기 재능을 발휘할 수 있다. 그러나 이런 행운이 없다면 온갖 수를 써서 경쟁자를 제치기 위한 연구를 해야 한다.

······ 패배한 자들은 '시간이 지나면 괜찮아지겠지.', '난 인격이 좋으니 잘 넘어갈 거야.', '내 재력이면 어떻게든 되지 않을까?' 하고 생각하며 타인의

질투를 없앨 수 있으리라 여겼다. 또한 세상의 흐름에 잘 맞게 흘러가고 있으며 점점 자신의 인망이 높아지므로, 자신을 질투하거나 반대하는 사람들을 거칠게 대하지 않아도 이겨 낼 수 있을 것이라 생각했다. 요컨대 그들은 시간의 흐름을 믿어서는 안 되고, 좋은 인격만으로는 부족하며, 운명은 고양이의 눈처럼 변하고, 속이 검은 사람들은 아무리 은혜를 입어도 얌전해지지 않는다는 것을 전혀 모르고 있었다. 앞서 말한 지배자들이 파멸한 근본적인 원인은 다름 아닌 타인의 질투심을 극복하지 못한 것이다. _로마사 평론

다른 사람의 질투심을 없앨 수 있을까? 마키아벨리는 두 가지 방법을 이야기한다. 첫 번째는 위기 상황을 만드는 것이다. 위기 상황에서는 다른 사람을 질투할 여유는 사라지고 자신의 안위를 위해서 모두가 협심을 해야만 하기 때문이다. 두 번째는 질투를 하는 사람을 없애는 것이다. 이 말은 살인을 하라는 것이 아니라 질투를 유발하는 사람을 멀리하라는 소리다. 위기 상황을 만들어 질투심을 제어하는 것은 그때에만 유효하고, 사실 그런 상황은 한 개인이 일으킬 수도 없는 일이다. 결국 다른 사람으로부터 받는 질투심이라는 것은 없앨 수 없다는 결론에 다다르게 되니, 질투를 받지 않으려면 관계를 끊는 것만이 유일한 대안이다.

인간의 질투심이란 시간이 지난다고 사라지는 것도 아니고, 내가 선량하고 바르게 산다고 해서 사라지는 것도 아니다. 그렇기 때문에 질투심을 극복할 수 있다고 생각하고 행동하면 안 된다. 오히려 질투심은 상대방의 존재가 없어질 때에야 사라진다는 것을 알고 행동하는 것이 안전한 결과를 낳을 수 있다.

모두에게 사랑받을 수는 없다. 성공을 하거나, 인기가 많거나, 능력이 출중하면 당연히 누군가의 질투를 받을 수밖에 없는 것이다. 그런 것을 피하기 위해 노력하지 않을 수도 없지 않은가. 결국 내가 강해지는 수밖에 없다. 최선을 다해서 성공하고, 남보다 앞서기 위해서 끊임없이 공부하는 수밖에 없다. 그 와중에 따라붙는 시기와 질투도 덤덤하게 여길 줄 알고, 성공하는 과정 중에 겪게 되는 온갖 일들에 대해서도 유연하게 처리할 수 있는 힘이 필요하다. 그때마다 일희일비하거나, 상처받거나, 스트레스를 받으면 도저히 삶을 살아갈 수가 없다.

우리는 피할 수 없는 경쟁의 시대를 살고 있다. 살아간다는 것 자체가 일종의 거대한 경쟁이기 때문에 삶은 늘 치열하고 힘이 든다. 이 속에서 상처를 입고 눈물을 흘리는 것은 어쩌면 당연한 섭리일지도 모른다. 시기와 질투, 모략이나 책략이 벌어지는 것도 같은 이유다. 이런 일들에 일일이 신경을 쓰다가는 누구도 신경쇠약을 면치 못하게 된다. 스티브 잡스를 보라. 그는 매우 많은 법정 소송에 휘말렸지만 흔들리지 않고 늘 자기 일에 최선을 다했다. 우리에게도 사방팔방에서 전쟁이 나고 북새통이 나더라도 자신의 일을 독하게 할 수 있는 내적인 힘이 필요하다.

질투심은 극복할 수 없다. 인생은 경쟁이고, 성공을 위해서는 끊임없이 노력해야 한다. 결국에는 모두가 경쟁자들이니 흔들리지 않고 자신의 일에만 십중하는 태도와, 질투심을 극복하려고 애쓰기보다는 그것을 당연하다고 여기고 냉철하게 자신의 일만 하는 끈기가 필요하다. 그렇게 해서 객관적인 힘을 키우고, 그로써 모든 것을 이겨나가겠다는 태도가 필요하다.

Niccolò
Machiavelli

51
운명을 바꾸는
말의 힘

로마인들은 남을 헐뜯거나 남의 수치를 비웃는 것은 지극히 해로운 일이라고 생각했다. 농담이든 본심을 말하는 것이든, 이처럼 사람의 마음을 상하게 하고 화나게 만드는 일은 없기 때문이다. 옛사람의 말에도 있듯이, 진실에서 동떨어져 있는 야비한 농담은 더욱 가시 돋친 뒤끝을 남기는 법이다.

…… 상대에게 위협이나 모욕하는 말을 삼가는 것은 현명한 태도이다. 왜냐하면 상대를 언짢게 한다고 해서 적의 힘이 약해지지 않기 때문이다. 게다가 위협을 하면 상대가 더 조심하게 되고, 모욕을 하면 상대의 화를 돋워서 이쪽에게 앙갚음을 하고자 마음먹는 결과를 낳는다.

…… 적에게 자꾸 업신여기는 말을 하다 보면, 자기가 완전히 이긴 듯한 기분이 들거나 헛된 승리의 환상에 빠져 버린 나머지 우쭐한 태도를 취하게 된다. 이런 환영이 마음속에 깃들면, 그 사람은 분수를 벗어난 행동을 취하고 어쩐지 더 좋은 결과를 얻을 것이라는 생각에 사로잡혔다가 마침내 실수를

저지른다. 이런 환영에 들뜬 사람들은 자기 국가마저 해치는 일이 매우 많다.
_정략론

누군가에게 무기를 빼앗을 때도 그것으로 당신을 죽일 거라는 말은 절대로 해서는 안 된다. 그러나 일단 자기 손에 무기가 들어오면 그때는 거리낌 없이 행동해야 한다.

…… 로마의 호민관이었던 티베리우스 그라쿠스는 한니발 전쟁 때 노예 부대의 대장을 맡았다. 노예 부대가 있었던 까닭은 당시 로마인 병사가 부족해서 노예에게도 무기를 쥐어주었기 때문이다. 그라쿠스가 가장 처음 명령한 것은 노예 부대를 업신여기고 조롱하는 자들을 사형에 처하는 것이었다. 이미 말했듯이, 로마인은 사람을 무시하고 바보 취급하는 것은 참으로 위험하다고 생각했다. 세상에서 이것보다 더 사람을 화나게 하며, 분노를 느끼게 하는 것은 없다. _로마사 평론

말 한마디로 철천지원수가 되거나 평생의 은인이 되기도 한다. 가시 돋친 말은 신체에 대한 폭력보다 훨씬 깊은 상처를 남기기 때문에 각별히 주의해야 한다. 그런데 상대를 골려 주거나 힘을 빼게 하려는 의도로 일부러 악담을 하는 경우를 볼 수 있는데 얼마나 어리석은 짓인지 모른다. 왜냐하면 위협적인 말이나 모욕적인 말을 퍼부어 봤자 실제로 상대의 힘이 약해지지 않는 데다가 상대로 하여금 어떻게 해서든 이 치욕을 갚을 것이라는 다짐을 불러일으키기 때문이다. 치욕적인 말로 상대를 제압하겠다는 생각은 정말로 위험하고 오히려 아무런 말도 하지 않는 행동을 하는 편이 여러모로 유리하다. 말은 아무런 의미가 없을뿐더러, 오히려 해악만 더 크기 때문이다. 그래서 험악한 말은 절대로 하지 말아야 한다.

상대가 나의 원수라고 하더라도 말로써 그를 공격할 필요는 없다. 그것은 실익은 하나도 없는 반면, 상대방의 분노만 일으킬 뿐이다. 특히 같은 조직의 구성원들에게는 농담으로라도 나쁜 말을 쓰는 것은 좋지 않다. 별것 아니라고 생각했던 말 한마디로 구성원의 결속력이 떨어지고 조직이 와해될 수 있기 때문이다. 그래서 리더는 구성원들끼리 험악한 말을 쓰지 않도록 각별한 주의를 주는 것이 매우 중요하다.

무엇이든 말하는 대로 되며 말이 씨앗이 된다고들 한다. 말 한마디가 당신의 운명을 결정할 수도 있다. 상대방을 약 올리는 말을 하면 반드시 그 화가 내게 닥친다. 상대방을 업신여기는 말도 나의 분수를 망각하게 하고, 경우가 없는 말은 나의 행동거지에도 영향을 주어 그릇된 행동을 하도록 이끈다. 사람이 몸가짐과 말을 바르게 하면 행동이 바로잡히는 것처럼, 말과 행동은 서로 영향을 주는 관계에 있기 때문이다. 그래서 말을 신중하게 하지 않으면 행동이 흔들리고, 행동이 흔들리면 말도 흔들리게 되는 것이다.

결국 말에 모든 것이 달렸다. 겸손하고 신중하게 상대방에 대한 예의를 갖춘 말을 해야 하며, 항상 좋은 말을 할 수는 없더라도 최악의 실수와 같은 말은 반드시 피해야 한다.

누군가 마음에 들지 않거나, 경쟁에서 이겨야 한다면 행동으로 보여 주면 된다. 상대방과의 관계를 정리할 때도 연락을 뜸하게 해서 자연스럽게 멀어지는 것이 좋지, 일부러 인연을 정리하자고 말할 필요는 없는 것이다. 내가 원하는 결과가 있다면 말보다 행동으로 옮기는 것이 가장 좋다. 그것은 상대에게 아무런 긴장도 일으키지 않으면서 내가 원하는 결과를 얻을 수 있기 때문이다. 내가 원하는 것은 결과이지, 쓸데없는 분란이 아니지 않는가. 우리는 실질적인 이익에 주목해야지, 괜히 시끄러운 일을 만들 필요는 없다.

사람은 누구든지 어떤 위협이 오면 그에 대응하려 한다. 그래서 위협적인 말의 경우에는 실익은 없으면서 상대에게 좋지 않은 감정만 불러일으키므로 최악이다. 상대를 이겨 내야 할 필요성이 있을 경우에는 말이 아니라 행동으로, 그것도 단시간에 모두 해야 한다. 그런 다음, 다른 자들이나 패배자의 불만을 최소화하고, 상황을 안정시킬 조치를 취해야 한다.

    말을 신중히 할 수 있도록 늘 자신을 살펴라. 어떠한 경우에도, 뒤에서도 악담은 금지다. 한번 내뱉은 말은 언젠가는 상대의 귀에 들어간다. 또한 나쁜 말이 나의 성격까지 바뀌게 한다는 것을 명심하라. 좋지 않은 말을 하면 내 정신도 영향을 받고, 어느 순간 내 행동도 교만해지고 방자해진다. 그러나 싫은 사람을 이기고자 한다면 말 대신 행동으로 보여라. 말이 아니라 그저 행동으로 실천하면 모두 해결되는 것이 바로 인생이다.

욕을 하면 가장 심한 상처를 입는 사람은
욕설을 내뱉은 바로 그 사람 자신이다.
_막심 고리키

Niccolò
Machiavelli

52
관계를 유지시키는
본질은 무엇인가

다툼을 벌인 주모자들을 처리하는 세 가지 방식이 있다. 그들을 죽이든가, 도시에서 추방하든가, 아니면 서로에게 해를 끼치는 짓을 하지 않겠다고 서약하게 하고 화해시키는 것이다. 이 중에서 마지막 방법은 제일 위험하고 확실성이 없으므로 대체로 헛일이다. 이미 난폭한 행동을 하고 피를 본 상태에서 강제로 화해시켜 봤자, 날마다 얼굴을 맞대고 있다면 평화가 오래 지속될 수 없기 때문이다.

…… 상대를 억지로 노예로 만들려고 하면, 도저히 훌륭한 신뢰 관계를 기대할 수 없을 것이다. _정략론

적이 어떤 희생을 해서든지 접전을 치르겠다는 각오를 품었다면, 더 이상 피할 수 없다고 판단해야 한다. _로마사 평론

인간관계의 중심은 진심이다. 그것이 없는 관계는 결국 허상에 불과하다. 강압적으로 맺어진 관계는 힘이 사라지면 관계를 지속해야 할 이유도 사라진 것이기에 금방 와해되고 만다. 이익으로 맺어진 관계도 마찬가지다. 결국 진심 외에는 그 무엇도 관계를 확실하게 지켜 나갈 수 없다.

예를 들어 어떤 고등학교에서 A와 B 학생 사이에 갈등이 생겼다고 치자. A가 B를 괴롭히자 담임선생님이 두 학생을 불러 억지로 화해를 시켰다. 그런데 그것이 진정한 화해인가? 상처를 받은 B에게도, 진정으로 사과할 마음이 없는 A에게도 모두 좋은 결과를 가져오지 못하니 말이다. 결국 그 둘의 관계에는 진심이라는 장치가 존재하지 않기 때문에 서로 좋은 관계를 맺을 수 없게 됐다. 진심이 없는 인간관계는 그저 형식에 불과하고 언제든 깨질 수밖에 없다. 모든 관계는 타인의 강요나 억지가 개입할 수 없는 영역이다.

나의 진심 못지않게 상대방의 진심도 중요하다. 내가 상대방을 받아들여도, 상대방이 나를 받아들이지 않으면 관계는 결코 열릴 수 없기 때문이다. C국은 D국을 동맹국으로 생각하지만 D국은 C국을 적국으로 여긴다면 이 둘의 전쟁은 피할 수 없다. 어느 한쪽이라도 진심이 없으면 그 관계는 사실상 깨진 것이나 다름없다.

아까 위에서 살펴본 두 학생의 예시를 다시 보자면, A학생으로부터 괴롭힘을 당한 B학생이 A학생을 용서한다고 하더라도, B학생을 괴롭힌 A학생이 계속 B학생을 괴롭히겠다는 마음을 가지고 있으면 이 관계는 여전히 그대로인 것이다. 그러니까, 어느 한쪽이 진심을 가지고 있다고 해서 관계는 달라지지 않는다. 인간관계는 손뼉처럼 마주쳐야만 소리가 나는 것이다.

사람 사이의 진심이란 서로의 인격 혹은 사람됨에 대한 신뢰가 전제될 때 나올 수 있다. 결국 사람 그 자체를 보고 사귀었을 때 그 관계가 오래간다. 그렇지 않고 다른 것에 기댄 관계는 그 매개체가 사라지는 순간, 허공으로 흩어지고 만다. 사회생활을 하면 학창시절과 달리 많은 이해관계가 얽혀 있기 때문에 진정으로 사람만 보고 관계를 맺는 것이 쉬운 일이 아니다. 그렇다 하더라도 최대한 진실한 관계를 맺으면 자신에게도 큰 심리적 안정을 줄 것이다.

관계의 본질은 진심이다. 이 진심이 없으면 관계는 절대로 달라지지 않는다. 다만 이 진심은 한쪽의 노력이 아닌 양쪽의 노력이 결합해야 하는 것으로, 한쪽이 노력을 해도 안 될 수도 있다. 그럴 때는 서로가 맞지 않음을 인정하고 갈라서는 것이 옳다. 그리고 리더는 강압적으로 이들을 화해시키려고 해선 안 된다. 오히려 잘못한 측은 엄벌하고, 그를 통해서 새로운 관계가 열리는 기회를 제공하는 것이 바람직하다. 그런 점을 리더가 알고 있어야, 조직 구성원 간의 관계를 효과적으로 이끌 수 있는 것이다.

남에게 대접받고자 하는 대로 남을 대접하라.
_성경

53
완전히 장담할 수 있는 것은 없다

　사람은 완전한 선이나 완전한 악이 될 수 없다. 그러므로 중도를 취한 답시고 이것도 저것도 아닌 상태로 우물쭈물하다 보면 굉장한 위험한 상황으로 끌려 들어간다. _정략론

　자기 여동생을 범하거나 정권을 위해 사촌과 조카까지 희생시킬 만큼 흉악한 인간에게도 고귀한 자비심이 마음 한 구석에 아주 약간은 숨어 있기 마련이다. 이러한 사례를 통해 결론을 내리자면, 인간은 죄를 범하고도 아무렇지 않은 완전한 악인도 될 수 없고, 그렇다고 완전한 선인도 될 수 없다.
_로마사 평론

인간은 완벽함과는 거리가 먼 존재이다. 완벽한 선인이 되기도 어렵고, 철저한 악인이 되기도 어렵다. 왜냐하면 인간에게는 양심이라는 것이 있어서 대놓고 나쁜 짓을 하기 어려운 면이 있고, 반대로 자신만 아는 이기적인 마음이 생기면 때로는 악한 일도 아무렇지 않게 하기 때문이다. 그러니까 인간은 어느 한쪽에 선 존재가 아니다. 한쪽 발은 선善에, 한쪽 발은 악惡에 딛고 서 있으면서 때와 경우에 따라 선한 존재가 되기도 악한 존재가 되기도 하는 것이 인간이다. 그래서 인간을 끝까지 믿는 것도, 완전히 믿지 않는 것도 어리석은 것이다. 때와 경우에 따라서 믿기도 하고 그렇지 않기도 하는 지혜가 필요하다.

아무도 믿지 않는 면을 접한 사람은 그를 두고 그가 세상을 어둡게만 본다고 평가할 것이다. 반면, 사람을 잘 믿어주는 면을 접한 사람은 그를 두고 좋은 사람이라고 말할 것이다. 과연 무엇이 그 사람을 옳게 평가한 것인가? 두 가지 평가 모두 옳다고 할 수 있다. 사람을 믿되 믿지 않는 것은 그 사람의 성향이 그래서 그런 것이 아니라, 그렇게 보지 않으면 안 되는 현실에 기인한다. 따라서 사람을 믿되 믿지 않는 것은 합리적이고 현실적이며 현명한 것이다. 이것은 순수함과 순진함을 명확히 구별할 줄 아는 사람이 나타낼 수 있는 삶의 태도이다. 즉 이 사람은 세상을 바라보는 순수함은 있지만, 순진하게 세상에 이용당하는 바보 멍청이는 아닌 것이다. 그렇다고 이 사람이 세상을 어둡게만 보느냐 하면 그것도 아니다. 그는 사람들의 선량함과 순수함을 신뢰하며 살아가기 때문이다. 이 사람에게는 선량함이 있고, 믿고 일을 맡길 수 있는 자질이 있다.

인간은 선한 면도 있고, 악한 면도 있는 복잡한 존재이다. 그래서 삶은 피곤하다. 그 사람을 믿어야 하지만, 믿지 말아야 할 때도 분명히 있기 때문이다. 특히 각종 이권을 두고 활발한 경쟁을 벌일 때는 그것이 더 심하다.

일본의 15~16세기를 가리켜 전국시대戰國時代라고 한다. 이름 그대로 일본이 작은 나라들로 쪼개져 끊임없이 전쟁을 하던 시기였다. 당시 일본의 패권을 장악한 호걸들은 순서대로 오다 노부나가, 도요토미 히데요시, 도쿠가와 이에야스였다. 오다가 일본 통일을 눈앞에 두고 부하에게 배신당해 죽자, 도요토미가 그 뒤를 이었다. 당시 도요토미 히데요시 밑에는 오다 노부나가 때부터 함께 했던 많은 장수들이 있었으니 그들은 상당히 오랫동안 도요토미를 모신 것이다.

그러나 이후 도요토미에게서 도쿠가와에게로 권력의 중심이 옮겨 가자 도요토미의 부하 장수들 중 상당수가 도쿠가와에게 가담했다. 그렇지 않은 장수들은 대부분 죽임을 당하거나, 이후 비참한 삶을 살아야만 했다. 도요토미에게 인간적인 정情을 느끼기는 하지만 현실을 제대로 파악한 사람들만이 살아남았다. 지금 내 앞에서 죽음을 맹세하던 장수도 상황이 변하면 떠나는 것이고, 그럴 수밖에 없는 것이 현실이다.

우리는 인간의 마음속에 선함과 악함이 공존한다는 사실을 인정해야 한다. 인간관계에 영원함은 없다. 나를 포함한 모두가 그렇다. 아무리 선한 사람이라도 어떤 특정한 조건이 주어지면 흔들릴 수 있는 것이 사람이다. 사람을 100퍼센트 신뢰한다는 것, 그것이야말로 너무나 위험한 일이며 거의 대부분 실망을 안겨 준다.

완전한 선인도 없고 완전한 악인도 없으니 스스로 신중할 수밖에 없다. 그때 그 상황에 맞게 행동을 해야 하고, 그런 행동이 안전한 결과를 낳는 것이다. 사람은 사람을 온전히 알 수 없다. 그래서 주의가 필요하고, 신중해야 한다. 함부로 믿어서도 안 되고, 그렇다고 무조건 믿지 않는 것도 어리석은 짓이다. 인간관계에는 그런 이중성이 반드시 필요하다. 왜냐하면 인간의 본질이 완전한 선인도 아니고 완전한 악인도 아니기 때문이다.

무엇이든 장담하지 마라. 믿을 수 있는 것은 아무것도 없다는 것을 명심하라.

54
우리는 누구를 보고 누구를 좇아야 하는가

군주는 자기가 다스리는 백성의 과실에 대해서, 특히 불만을 말해서는 안 된다. 왜냐하면 민중의 과실은 군주 자신의 태만 때문에 혹은 군주가 그와 같은 나쁜 일에 물들었기 때문에 일어난 것이 분명하기 때문이다. 오늘날, 민중이 행하는 약탈 행위나 그와 비슷한 악덕을 자세히 조사해 보면 그 원인이 군주에게 있음을 알 수 있다.

…… 1469년부터 1492년까지 피렌체를 지배했던 로렌초 데 메디치도 이런 사고방식을 인정하고 다음과 같이 말했다. "만인의 눈은 항상 영주에게 쏠려 있다. 그러므로 영주가 하는 행동은 대중도 한다." _정략론

얼마 전에 한 유제품 회사의 영업사원이 대리점주에게 횡포를 부리는 녹음 파일이 공개되었다. 그 녹음을 들은 사람들은 그 영업사원에게 비난을 퍼부었지만 조금만 더 생각해볼 일이다. 험악한 말로 사람을 협박한 것은 잘못이지만 그는 일개 사원이었다. 그렇게 할 수밖에 없는 회사의 방침과 지침, 더 정확하게 말하면 모든 것을 지시한 회장의 잘못이 그런 파장을 불러온 것이다. 국내 굴지의 화장품 회사에서도 비슷한 일이 있었는데 그것도 본질은 같다. 윗물이 맑았으면 아랫물이 맑지 않을 리가 없다.

회사는 CEO의 입김이 엄청나게 강하게 작용하는 곳이다. 그의 말이 법이다. 그래서 회사의 기업 문화에도 CEO의 성격이 그대로 반영된다. 말단 사원이라면 감히 그런 분위기를 거스를 수 없고, 정 견디지 못하면 나갈 수밖에 없다. 결국 CEO의 생각을 그대로 존중하고 따라 하지 않으면 안 되는 곳이 기업이다. 그들은 사회 문화를 형성하고 사회 지도층 역할을 담당하는 사람들이다.

사회 지도층은 자신의 삶이 우리 시대의 거울이 된다는 점을 명심해야 한다. 수많은 대중들이 그들의 삶을 지켜보고 있고, 그들의 삶을 따라 한다. 스티브 잡스를 보라. 그는 일개 기업인이었지만 지금은 시대의 아이콘이 되었고 전세계인들이 그를 삶의 표본으로 삼는다. 특히 사회 지도층의 각종 범죄와 그릇된 삶의 모습은 대중들에게 실망감을 주는 동시에, '그들도 그렇게 사는데 나라고 그렇게 살면 안 되나? 오히려 나 같은 평범한 서민은 더 해도 되지!'라고 생각하게 만드는 효과를 낳는다. 이것은 대중들에게 그릇된 삶의 철학을 심어 준다는 점에서 심각한 문제이다.

사람은 평생 다른 이를 보고 배운다. 어릴 때는 부모를 보고 배우고, 나이가 들어서는 자신이 다니는 기업의 CEO나 사회 지도층을 보고 배운다. 특히 직장인의 경우에는 자신이 다니는 직장의 CEO의 영향을 굉장히 많이 받는다. 결국 그들은 우리에게 일종의 부모와 같은 노릇을 하고 있는 셈이다. 그러나 우리나라 국민들의 80퍼센트는 사회 지도층을 신뢰하지 않는다는 설문조사 결과가 있을 정도다. 이것은 결국 대중들에 대한 부메랑으로 돌아온다. 우리나라 국민들은 사회 지도층이 법을 지키지 않는다는 핑계로, 자신도 법을 지키지 않는 모습을 보인다. 왜냐하면 사회 지도층도 지키지 않는 법을 내가 지킬 필요도 없다고 생각하는 경향이 뚜렷하기 때문이다. 이것은 누구의 잘못인가? 앞으로 어떻게 바뀌어야 하는가? 우선 사회 지도층의 솔선수범이 필요하다.

우리는 지금 엄청난 과도기를 겪고 있다. 갑오개혁 이후 신분제가 무너지면서 과거제가 사라졌으며, 혼란을 틈타 일제가 권력의 핵심으로 등장했고, 국민들은 친일파와 독립군으로 나뉘었으며, 장사를 해서 큰돈을 번 평민이나 천민들이 양반의 자리를 넘보았다. 급격한 시대변화를 겪으며 우리는 사회 지도층의 룰이 제대로 서 있지 않은 채 21세기를 맞이한 것이다.

이런 상황 속에서 세대나 계층에 따라 가치관이 충돌하고 있으며, 무조건 돈이 최고라는 인식이 팽배하고 재벌은 골목을 넘보며 서민들의 삶을 위협한다. 직장인들은 언제 해고될지 모른다는 두려움을 안고 전전긍긍하며 하루하루를 보내고 학생들은 성적을 비관하여 목숨을 버리기도 한다. 이것이 과연 건강한 사회의 모습인가?

약자에 대한 배려가 있어야 하고, 열심히 하면 부자가 될 수 있어야 하며, 서민에 대한 사회적 이해가 있어야 한다. 사회안전망이 탄탄해야 누구나 안심하고 살 수 있는 사회가 된다.

대기업에 입사하는 것이 최고의 선으로 여겨지고, 분수에 넘치는 명품을 열망하며, 남의 것을 취하여 자신의 주머니를 불리는 이런 세상에서는 사람들의 철학과 행동 양식도 이기적이고 각박하게 변할 수밖에 없다. 이런 모습은 바로 사회 지도층이 만든다. 그러니 변화도 그들로부터 시작되어야 한다. 윗물의 사고가 아랫물을 맑게 바꿀 수 있다.

앞으로는 바뀌어야 한다. 아니, 바뀔 것이다. 그렇지 않으면 희망이 없다는 것을 누구나 다 알기 때문이다. 가정도 그렇고, 기업도 그렇고, 국가도 그렇고 윗물의 역할이 매우 중요하다. 윗물이 맑지 않으면 나라 전체가 흔들릴 수밖에 없다. 결국 사회는 사회를 이끌어 가는 힘 있는 소수의 역할이 매우 중요하다. 이들에 의해서 대중들의 삶의 방식조차 바뀌기 때문이다. 지금이라도 재벌들과 대한민국 기업인들, 정치인들이 각성하고 새로운 방식의 삶을 펼쳐 나가야 한다.

55
장밋빛 인생을
만드는 방법

전쟁을 할 때 가장 명심해야 할 것은, 프랑스인이 말하듯 전쟁이란 단기간에 승패를 갈라야 한다는 점이다. 로마인은 주변의 이민족들과 전쟁을 할 때면 언제나 대군을 투입하고, 아주 짧은 시간 안에 모든 것을 끝냈다. 초기 로마인들은 전쟁이 발발하기가 무섭게 군대를 파병하고 적군과 맞서 싸워 즉각 결전을 벌였다. 적은 자기 나라가 형편없이 황폐화될까 두려운 나머지 항복했다. _정략론

튼튼한 성을 가지고 있으며 민중의 미움을 받지도 않는 군주는 외부의 공격을 받지 않는다. 공격을 받더라도 오히려 침략자가 창피를 당하고 도망가는 것이 고작이다. 왜냐하면 세상일이란 장담할 수 없어서, 군대를 이끌고 1년 동안이나 성 하나를 포위할 수는 없기 때문이다. _군주론

공부, 사업, 연애, 이 세상의 모든 일은 단기간에 확실한 결판을 내야만 한다. 사업을 시작한 지 10년 안에 큰 성공을 거둔 사람이나, 대기업에 입사한 지 20년 만에 임원이 된 사람들은, 초기에는 아무런 성과도 없다가 갑자기 그 자리에 올라선 사람들이 아니다. 처음부터 확고한 성적을 거두어 오면서 그 자리를 차지한 사람들이 대부분이다. 성공하는 사람들은 단기 승부에 매우 강하다. 그들은 고시를 준비해도 3년 안에는 붙고, 사업을 해도 3년 안에는 나름의 기반을 확실하게 잡는다. 만약 그 기간 내에 별다른 성과를 얻지 못한다면? 그것은 분명 문제가 있는 것이다. 뜨겁게 하지 않았거나, 능력이 부족하거나 둘 중 하나일 가능성이 크다. 물론, 대기만성형이 없는 것은 아니지만, 확률적으로 나이가 들어서 성공을 한다는 것은 거의 기적에 가까운 일이다. 그만큼 어렵고 힘들다는 말이다.

실제로 우리의 삶을 보자. 대부분 20대에 우리 삶의 80퍼센트 이상이 결정된다. 20대 초반에 자기 진로의 방향을 잡지 못하면 한동안 방황할 수밖에 없다. 그리고 20대 후반 취업을 잘 못하면 대체로 힘든 삶을 살기 쉽다. 물론, 30대가 넘어서도 불굴의 투지로 일어서는 사람들이 있는데, 그들의 수는 그리 많지 않다. 그만큼 쉬운 일이 아닌 것이다.

고시를 준비하더라도 단기간에 성과를 내야 한다. 2~3년 내에 합격하겠다는 각오로 공부를 해야 하고, 실제로 그렇게 해내야 한다. 그렇지 않고 시간만 흐르면 너무나 쉽게 지치고 힘들어진다. 게다가 불투명한 미래, 경제적인 어려움, 주위의 시선들이 가혹하게 다가온다. 모든 승부는 단기간에 봐야 한다.

물론 단거리 경주보다 마라톤에서 더 좋은 성적을 내는 사람이 있다. 하지만 우리의 인생에서 장거리 경주는 차선책이다. 단번에 끝낼 수 있다면 단번에 끝내야 한다. 사람이 그렇게 오래 사는 것도 아니고 그렇게 오랫동안 노력만 하고 있을 만큼 여건이 허락되는 것도 아니다. 세계적인 CEO 빌 게이츠, 마쓰시타 고노스케 등을 보라. 그들은 모두 30세 이전에 과감한 승부수를 던졌고 그것이 그 이후의 삶을 채워 주었다.

나이가 들수록 어려워지는 것들이 한둘이 아니라는 것을 너무나 잘 알고 있지 않은가? 10대 때 할 수 있는 일이 있듯이, 20대 혹은 30대에 할 수 있는 일, 해야만 하는 일들이 있다. 지금 당신이 30대라면 현실적인 눈을 떠라. 지금 있는 곳에서 열심히 노력하여 단기간에 승부를 볼 수 있는 다양한 시도들을 해야 한다. 쉬지 않고 나가려는 노력, 그런 마음가짐이야말로 당신을 비범하게 만드는 열쇠가 된다.

40대도 포기하기에는 이르다. 물론, 젊은 사람들보다 선택할 수 있는 폭은 줄어들겠지만 초심으로 돌아가 승부를 건다면 결코 늦지 않은 시간이다. 마흔이 넘어서 의대에 간 사람도 있고 작가로 데뷔를 하기도 하며 창업을 해서 성공한 사람들도 있다. 그들에게는 젊은 사람들이 가지지 못한 책임감이라는 무기가 있기 때문에 더욱 힘을 낼 수 있는 것이다.

  하루아침에 대기업 임원이 되고, 올림픽에서 금메달을 따며, 세계적 콩쿠르에서 우승을 할 수는 없다. 모두가 지금 있는 자리에서 매일매일 확실한 승부를 내고, 그것들이 쌓여서 꿈을 이루는 것이다. 지금 하고 있는 일을 점검하라. 건성으로 하루를 보냈다면 그 하루만큼 성공이 뒤로 미뤄지는 것이라고 생각하면 될 것이다. 집중과 몰입이 답이다. 인생의 장밋빛은 그렇게 만들어진다.

Niccolò
Machiavelli

56
필요할 때는
어떤 일이라도 할 수 있어야 한다

어쩔 수 없이 벌이는 전쟁은 정의롭고, 무력만이 희망일 경우에는 무력 또한 신성하다.

…… 여기에서 나열한 기질 중에서 좋은 점만을 갖춘 군주가 가장 찬양받으리라는 것은 누구나 다 안다. 그러나 인간이 그 모든 것을 다 구비할 수는 없으므로, 한 군주가 좋은 기질을 모두 가진 채 나라를 훌륭히 지켜 나갈 수는 없다. 다만 군주는 자기 나라를 빼앗기는 수치스러운 악덕의 오명만은 피해야 하고, 나라를 빼앗기는 일과 상관없는 오명을 얻는 것도 최대한 피해야 한다. 만약 후자가 불가능하다면 그때는 도리어 너무 신경 쓰지 말고 내버려 두는 게 좋다. 하지만 어떤 악덕을 행해야 나라를 유지할 수 있다면, 오명은 생각하지 말고 행하라. 왜냐하면 미덕처럼 보이는 것도 행하다 보면 자신을 파멸로 이끌어 가기도 하며, 반대로 악덕으로 보이지만 행하면 자신의 안전과 번영이 유지되는 경우도 있기 때문이다. _군주론

우리가 살면서 마음먹은 대로 되는 일이 있었던가? 거의 대부분이 그렇지 않다. 하기 싫어도 해야만 하는 경우도 있고, 그렇지 않을 경우에는 생존까지 위협받는 상황을 만날 수도 있다. 벌레 한 마리 죽이지 못하던 사람도 전쟁터에 내몰리면 적군을 향해 총부리를 겨누어야 하고, 급한 일이 생기면 철천지원수처럼 지내던 사람과도 마음을 합해서 일을 진행해야 할 때도 있을 것이다. 평소 신념과 다른 결정을 내려야 할 때에는 갈등을 느끼겠지만 어쩔 수 없다. 그것이 삶이다.

사람은 누구나 착하게 살고 싶어 한다. 그렇지만 그렇게 살지 못하는 이유가 무엇인가? 그렇게 살지 못하도록 만드는 현실이 존재하기 때문이다. 현실과 타협하고 살아가는 것, 그것이 지금 우리의 모습이다. 자기 인생도 해결하지 못하는 삶이 얼마나 많은가. 스스로도 느끼는 자괴감을 감출 수 없는 삶이 너무나 많다. 다른 사람을 돕기도 하면서 착하게 살고 싶은데 현실은 그렇지 않으니 회의에 빠지기도 하고 무작정 착하게만 살 수 없다는 것도 깨달으며 현실과 타협한다. 그것이 나쁘다는 것이 아니다. 영웅이라 불리는 사람들도 그렇게 살았고, 어쩌면 그랬기에 영웅이 될 수 있었던 것인지도 모른다.

삶은 만만하지 않다. 누구에게나 그렇다. 현실 속에 있는 것이 지금 내 모습이고 우리 모두가 그렇게 살아간다. 자기 마음대로 할 수 있는 것은 거의 없다. 부모 자식 간에도, 형제자매 간에도, 심지어 부부 간에도 자기 마음대로 할 수도 없고 그래서도 안 된다. 상대를 배려하고 세상을 존중하는 것, 그것이야말로 어쩌면 내 마음먹은 대로 살 수 있는 방법인지도 모른다.

현실을 존중하고 순응하라. 그래야 현실을 이길 수 있는 법을 배울 수 있다. 지면서 이기는 것, 그것이 가장 현명한 자가 쓰는 삶의 기술이다.

이기는 것 다음으로 좋은 것은 지는 것이다.
_한국 속담

57
표피만 보고 망동妄動하지 말고 깊은 뿌리까지 보고 움직여야 한다

생각이 얕은 사람은 처음 단맛에 속아 숨어 있는 독을 알아차리지 못하고 일을 시작한다. 마찬가지로 재난이 눈앞에 닥칠 때까지 알아차리지 못하는 군주는 현명하다고 할 수 없다. 그러나 깊은 곳까지 꿰뚫는 통찰력을 지닌 자는 아주 적다. _군주론

어느 지방이든 지형의 각 부분은 유사성이 있으므로, 어떤 지역의 지리를 훤히 꿰고 있으면 다른 지방에 가더라도 그 지세를 파악하기 쉽다. 따라서 한 지형을 습득한 사람은 다른 곳을 슬쩍 보기만 해도 들판이 어떻게 펼쳐져 있는지, 산은 어떻게 솟아 있는지, 그 산에는 어떤 골짜기가 있는지 간파한다. 그러나 한 고장에 대한 것도 제대로 모르는 자는 다른 고장의 지형을 유추하기도 어렵고 짐작할 수도 없다. _정략론

　상대방의 겉만 보고 속까지 알 수 있는 사람은 드물다. 그렇기 때문에 누구나 다 자기 마음대로 세상을 인식하고 사람을 이해한다. 객관적으로 보이는 겉모습을 보고 그 속까지 파악하는 능력이 없기 때문에 좋은 기회를 놓치거나 훌륭한 인물을 지나치기도 하는 것이다. 게다가 다수의 의견에 쉽게 흔들리는 것이 인간이기에 아무리 자신의 신념에 확신이 있더라도 그것을 강하게 관철할 줄 아는 사람 또한 드문 것이 사실이다.

　사람 보는 눈이 있어야 한다는 말들을 많이 한다. 결국 그것은 자신의 직감直感을 믿을 수 있어야 한다는 뜻이다. 겉으로 보이는 것은 매우 제한적이므로 그 속에서 나열된 한정된 정보를 가지고 추리를 하고 그 내막을 들여다보아야 하기 때문에 예리한 감각이 매우 중요하다.

　그러니 인간의 본능을 믿고 다양하게 나열된 정보를 통해서 그 내막을 깊이 생각해 보는 태도가 필요하다. 그러나 진지한 생각을 하지 않고 건성으로 생각하는 사람들이 대부분이다. 그들의 개인적인 능력 또한 떨어지기 때문에 대부분은 진정한 진실을 모르고 넘어가니 아쉬울 따름이다.

　많은 사람들이 겉모습과 겉치장에 흔들린다. 하지만 진짜 고수는 그런 것으로 감출 수 없는 내용을 본다. 보기 좋은 떡이 맛도 좋다고 하지만 보기 좋게 하려면 쓸데없는 시간과 돈만 낭비될 뿐이다. 진정한 고수는 자신의 에너지를 본질에 집중하기 때문에 내용으로 고수를 찾아낸다. 그런데 하수는 겉모습에 집중하기 때문에 벼의 껍질이 전부인 줄 알고 속빈 쭉정이들을 곁에 둔다.

인간은 시야에 흔들리고 거짓된 사실에도 끊임없이 속는 존재이기 때문에 진실의 아버지인 시간을 필요로 한다. 하지만 시간을 통해서 진실을 검증하기에는 너무나 많은 시행착오를 겪어야 한다. 그러니 스스로가 사람과 기회를 알아볼 수 있는 눈을 키워야 하는 것이다. 본질만 제대로 파악할 수 있다면 어떤 승부에서도 승리할 수 있는 실력을 갖추는 것과 다름없다.

그렇다면 본질이란 무엇인가? 직장인이라면 일에 대한 업무 지식이 될 것이다. 단순한 스펙보다는 업무에 대한 지식 혹은 자기만의 확고하고 독특한 능력, 그리고 일을 대하는 태도에 주목해야 한다. 열정이란 수많은 시행착오를 겪더라도 끊임없이 노력하여 결국은 바름으로 나아간다는 것을 뜻한다. 열정이 있는 사람은 좌절을 겪더라도 결국 일어서서 앞으로 가기 때문에 매우 훌륭한 성과를 낸다.

하나의 일을 완벽하게 해낸 경험이 있는 것도 좋다. 모든 일에는 유사성이 존재하기 때문에 한 가지 일에 있어 정통한 사람은 다른 일도 잘할 가능성이 크다. 하지만 일의 본질을 모르는 사람은 그렇지 못하다. 실제로 성공하는 사람들은 자기만의 색깔이 분명히 있다. 학교 다닐 때도 그런 친구들이 있지 않았는가. 공부를 잘하는 친구, 공부는 못해도 아주 잘 노는 친구, 그런 사람들이 졸업 후에도 우리 기억 속에서 특출난 사람들로 기억되는 것이다.

그런데 사람은 결국 자기 안으로 들어가서 생각하기 때문에 자기중심적이 된다. 따라서 근본적으로 자기의 시야가 좁으면 아무리 노력해도 해결이 불가능하다. 그렇다면 어떻게 해야 할까? 가장 좋은 것은 경험의 폭을 넓히는 것이다. 그래야 세상을 보는 시야가 넓어진다. 그러나 우리가 세상의 모든 것을 경험하기는 불가능하다. 그 문제를 해결해 줄 수 있는 것이 책과 다큐멘터리이다.

너무나 식상하지만 책에는 수많은 사람들의 경험이 담겨 있다는 말은 진실이다. 그래서 책을 보면 자기 경험의 폭이 상당히 커지고 그만큼 넓은 시야로 세상을 이해하게 된다. 결국 자신만의 세계에서 생각하던 것들은 이제는 더 나은 시각으로 볼 수 있게 되면서 현명한 선택과 결정을 내릴 수 있는 사람이 되는 것이다.

아는 만큼 보인다. 겉을 보고도 내면을 파악할 수 있는 힘, 그것은 바로 내가 얼마나 보고 듣고 알고 있느냐에 달려 있다. 책을 많이 읽고 다큐멘터리를 많이 보아서 생각의 크기를 키우라. 그리고 삶 속에 제대로 된 철학이 정립되어 있고 자신만의 시각으로 세상을 바라보는 사람들과 교제하라. 본질을 꿰뚫고 세상을 이기는 힘을 갖게 될 것이다.

니콜로 마키아벨리 Niccolò Machiavelli 연표

1469년
5월 3일, 피렌체에서 베르나르도 디 니콜로 마키아벨리와 바르톨로메오 데 넬리 사이에서 장남으로 태어남. 아버지 베르나르도의 직업은 변호사였으며, 토스카나 귀족의 먼 후예로 피렌체에서도 어느 정도 영향력이 있는 집안 출신이었음.

1480년
피렌체대학에서 마르첼로 아드리아니 교수에게 인문학을 배움.

1494년
피렌체를 지배하던 메디치가가 몰락하고 성 마르코 수도원장이었던 지롤라모 사보나롤라가 정권을 잡기 시작함. 마키아벨리는 그 무렵 공직에 입신하여 피렌체공화국 10인 위원회의 서기장이 됨.

1498년
5월, 사보나롤라가 실각하고 화형당함. 5일 뒤, 마키아벨리는 피렌체공화국 외교담당 제2 서기장으로 임명되어 내정과 군사를 담당함. 외교관으로도 활약하면서 프랑스, 로마 등을 방문하여 고위 귀족들과 만남.

1500년
5개월 동안 프랑스에 머물면서 군주 한 명이 지배하는 통합된 강대국에 대한 열망을 품게 됨. 특히 로마에서 교황 알렉산데르 6세의 사생아이자 발렌티노 대공이었던 체사레 보르자를 만나고 처음에는 이상적인 군주의 자질이 있다고 여겼으나, 곧 그의 오만한 모습에 실망함.

1501년
가을 무렵, 마리에타 코르시니와 결혼함. 같은 해 12월, 체사레 보르자를 수행하여 체세나와 세니갈리아 방문.

1503년
교황 알렉산데르 6세, 피우스 3세가 줄줄이 세상을 뜨자 체사레 보르자의 숙적인 줄리아노 델라 로베레 추기경이 새로운 교황, 율리우스 2세로 추대됨. 당시 로마에 있었던 마키아벨리는 한때 존경했던 체사레 보르자의 몰락을 지켜 봄. 그 무렵, 피렌체에서 피에로 디 톰마소 소데리니가 종신 최고행정관에 선출되었고 마키아벨리는 곧 그의 오른팔이 되어 군제 개혁을 꾀함.

1506년
12월, 마키아벨리가 제안한 시민군 창설을 의회가 공식 승인함.

1507년
시민군 조직을 위한 모병 활동을 전개함.

1509년
마키아벨리가 큰 관심을 갖고 창설한 피렌체공화국 최초의 정규군이 피사를 점령함.

1512년
스페인 군대가 공격해 오자 피렌체공화국은 항복하고 소데리니가 실각함. 피렌체는 허울뿐인 공화제를 유지하게 되었으며 지배권은 다시 메디치가의 손으로 들어감. 같은 해 11월, 마키아벨리도 모든 공직을 박탈당하고 재산 대부분을 몰수당함.

1513년
2월, 반反메디치 음모에 가담한 혐의로 체포되어 고문을 당했으나 끝까지 결백을 주장함. 같은 해 3월, 교황 레오 10세의 특별대사면을 받아 풀려났으나 반메디치 세력으로 분류되어 산트 안드레아의 작은 농장에서 칩거하게 됨. 이후 빈곤과 실의 속에서 시간을 보냄.
같은 해 절친한 친구 프란체스코 베트리와 편지를 주고 받으면서 《군주론 Il Principe》 초고를 완성함. 마키아벨리는 이 책에서 정치는 도덕과 다른 고유한 영역임을 주장하였고, 프랑스 및 에스파냐와 같은 강대국과 대항하기 위해서는 강력한 군주가 이탈리아를 통일시켜야 한다고 역설하였으며, 군주가 채택한 정치 전략이 그 시대와 인간 본성에 맞아야 함을 지적하였음.

1517년
3월, 로렌초 데 메디치를 만나 《군주론》을 헌정하고 서기관으로 다시 복직되기를 희망하였으나, 로렌초는 관심을 보이지 않았음.

1518년
이탈리아 연극사상 획기적인 작품이라고 평가받는 《만드라골라 Mandragola》를 집필함. 같은 해 《로마사 평론 Discorsi sopra la prima deca di Tito Livio》을 완성하고 로시모 루첼라이에게 헌정함.

1519년
메디치가의 수장이자 추후 교황 클레멘스 7세로 선출되는 메디치 추기경에게 《피렌체사 Istorie Florentine》 집필 의뢰를 받음.

1520년
11월, 피렌체공화국의 사료편찬관으로 임명됨.

1521년
《전략론 Libro dell'arte della guerra》을 집필하고 출간함.

1523년
교황 클레멘스 7세를 대신해 로마냐를 통치했던 프란체스코 귀차르디니 총독의 개인 자문관으로 임명됨.

1525년
마키아벨리가 클레멘스 7세에게 《피렌체사》를 바치자 교황은 원래 계약금의 두 배를 지불함.

1526년
4월, 요새 방비를 목적으로 만들어진 5인 위원회의 위원장이 됨. 당시 신성로마제국의 카를 5세에게 대항하려는 후원자 클레멘스 7세를 돕기 위해 마키아벨리도 군대를 이끌고 교황의 보좌관 프란체스코 귀차르디니와 합류함.

1527년
5월, 카를 5세의 군대가 로마를 점령하여 무자비한 살육을 자행함. 클레멘스 7세는 급히 산탄젤로 성으로 피신하여 목숨을 부지했으나 교황의 권위가 땅에 떨어짐. 이에 교황은 카를 5세에게 막대한 배상금을 지불하는 한편 황제의 마음을 돌리기 위해 자기 출신지인 피렌체를 공격해 메디치가를 몰아 냄. 이후 피렌체에는 새로운 공화국이 들어섬. 같은 해 6월, 메디치가의 몰락에도 불구하고 마키아벨리는 메디치 정권 때 하급 공무원으로 근무했다는 이유로 공직을 맡을 수 없었음. 이에 크게 실망한 그는 건강을 해쳐 6월 21일에 숨을 거두고, 다음 날 피렌체 산타크로체 성당에 안장됨.

1531년
《로마사 평론》이 출간됨.

1532년
《군주론》과 《피렌체사》가 출간됨.

1559년
로마가톨릭교회가 《군주론》을 금서 목록에 올림.

평생에 한 번은 마키아벨리를 만나라

초판　1쇄 발행 2013년 12월 30일

지은이　이상민
펴낸이　한승수
펴낸곳　문예춘추사
편집　고은정 · 이다연
마케팅　이일권
디자인　김경년

등록번호　제300-1994-16
등록일자　1994년 1월 24일
주소　서울특별시 마포구 연남동 565-15 지남빌딩 309호
전화　02-338-0084
팩스　02-338-0087
E-mail　moonchusa@naver.com

ISBN　978-89-7604-140-1 13190

※본서에 대한 번역 · 출판 · 판매 등의 모든 권한은 문예춘추사에 있습니다.
　또한 간단한 서평을 제외하고는, 문예춘추사의 서면 허락 없이 본서의 내용을
　인용 · 촬영 · 녹음 · 재편집하거나 전자문서 등으로 변환할 수 없습니다.

※책값은 뒤표지에 있습니다.
※잘못된 책은 구입처에서 교환해 드립니다.